교과서 한자어 2학년

어린이 훈민정음을 위한 **초등학교 2학년 국정교과서**

교과서
한자어

(사)훈민정음기념사업회 책임편집

2학년

개정 교육과정 최신판 교과서 철저 분석!
어린이 훈민정음과 교과서 한자어를 동시에!

(사)훈민정음기념사업회•문화체육관광부 산하

가나북스

어린이 훈민정음을 위한 **초등학교 2학년 국정교과서**

교과서 한자·어 2학년

발 행 일 | 2024년 5월 5일 초판 1쇄

지 은 이 | 박재성

책임감수 | 김진곤

편집위원 | 김보영 박화연 박희영 이도선

발 행 인 | 배수현

디 자 인 | 천현정

펴 낸 곳 | 가나북스 www.gnbooks.co.kr

감 수 처 | 사단법인 훈민정음기념사업회

출판등록 | 제393-2009-000012호

주　　소 | 경기도 파주시 율곡로 1406

전　　화 | 031)959-8833(代)

팩　　스 | 031)959-8834

ISBN 979-11-6446-104-2(63710)

2학년 '국어' 교과서에 '소개'라는 낱말이 나옵니다. 무슨 뜻일까요? 이러한 어려운 한자어 때문에 어린이 여러분들이 선생님께서 가르쳐주시는 내용을 바로 이해하지 못하고, 교과서를 읽어도 무슨 뜻인지 몰라 학교 수업이 재미가 없고 어렵다고 느꼈던 경험이 많을 것입니다.

이 '소개'라는 낱말을 만약 선생님께서 '소개(紹介 : 잘 알고 있지 못하거나 알려지지 않은 것을 설명하여 알려 줌)'라고 한자로 함께 적어서 가르쳐 주셨더라면 '소개(疏開 : 적의 공습이나 화재 따위에 대비하여 한곳에 집중된 주민이나 시설물을 분산시킴)'인지 '소개(疏槪 : 상소한 글의 줄거리)'인지 낱말의 의미를 시각적으로 생각할 수 있어서 여러분들은 교과서 내용을 좀 더 빠르고 정확하게 이해할 수 있게 되어 어휘력이 좋아지면서 교과 학습능력도 지금보다 더 많이 향상될 수 있었을 것으로 생각합니다.

그래서 세종대왕께서는 우리 말을 더 쉽고 정확히 익힐 수 있도록 훈민정음을 만들어 주셨습니다. 이에 2022 개정 교육과정 최신판 초등학교 교과서에 실린 한자어를 철저히 분석하여 쉽게 이해하고 활용할 수 있는 『초등교과서 한자어 학습서』를 출간하였습니다.

어린이 훈민정음을 위한 교과서 한자어 공부는 다섯 가지 즐거움 즉, 오락(五樂) 공부입니다.

오락(五樂)이란? ①수업이 즐거운 「受業樂(수업락)」, ②학교가 즐거운 「學校樂(학교락)」, ③자녀가 즐거운 「子女樂(자녀락)」, ④부모가 즐거운 「父母樂(부모락)」, ⑤가정이 즐거운 「家庭樂(가정락)」의 다섯 가지[五] 즐거움[樂]입니다.

뿌리가 튼튼해야 열매가 풍성합니다. 대한민국의 미래를 위해서라도 어린이 훈민정음을 위한 교과서 한자어 학습은 문해력을 높여주는 특별한 학습법이 될 것입니다.

어린이 훈민정음을 위한 『초등교과서 한자어 [2학년]』 학습서는 초등학교 국정교과서 과목에 실린 한자어를 완전히 분석한 자료를 바탕으로 학교 수업과 직접 연결되게 하여 우리 어린이들이 재미있고 쉽게 교과서 한자어를 익힐 수 있도록 특별 비법으로 집필하였습니다.

아무쪼록 이 책으로 공부하는 우리 어린이들이 교과서의 내용을 보다 더 빠르고 정확하게 이해하는 데에 도움이 되고, 나아가 즐거움 속에서 학습하고 마음껏 뛰놀면서 많은 지식을 갖춘 글로벌 인재로 성장하는 데에 보탬이 되기를 소원합니다.

사단법인 훈민정음기념사업회 이사장/교육학박사 박 재 성

이 책의 특징

    이 책은 2022 개정 교육과정에 맞춘 최신판 초등학교 2학년 국정교과서에 실린 한자어를 분석하였기 때문에 해당 학년의 교과서(국어, 수학, 바른생활, 슬기로운 생활, 즐거운 생활)에 나오는 한자어의 뜻을 쉽고 정확하게 이해하여 교과 학습능력도 향상될 수 있도록 어린이를 위한 훈민정음으로 교과서 한자어를 편집하였습니다.

1   2학년 교과서의 내용에 사용된 모든 한자어를 철저히 분석하였습니다.

2   국어, 수학, 바른 생활, 슬기로운 생활, 즐거운 생활 순서대로 한자어가 중복되지 않도록 배열하여 학교 수업과 직접 연관된 학습 교재가 될 수 있도록 노력하였습니다.

3   각 단원의 한자어마다 낱말을 구성하는 한자의 훈과 음은 물론 어휘의 뜻까지 노래 가사로 구성하여 누구나 노래만 부르면 저절로 외워질 수 있는 아주 특별한 학습방법을 고안하여 집필하였습니다.

4   각각의 한자어마다 단어 구성의 원리를 밝혀서 무조건 외우게 하는 책이 아니라 학생 스스로 쉽게 이해하고 재미있게 활용할 수 있는 스스로 학습법 교재가 될 수 있도록 편집하였습니다.

5   각각의 한자어마다 스스로 학습법을 채택하여 스스로 익힐 수 있도록 하여 생활 한자어 학습서의 기능은 물론이고, 개인 가정교사 역할도 할 수 있도록 편집하였습니다.

6   한자어마다 '암기비법' 방식으로 간단명료하게 한자어의 원리를 터득하고 바로 암기될 수 있는 연상기억 학습법을 도입한 특별한 교재로 편집하였습니다.

7   10개의 한자어를 학습한 후 반복 학습을 통해 자신도 모르는 사이에 저절로 외워질 수 있도록 교과서 한자어를 어린이를 위한 훈민정음으로 편집하였습니다.

8   논술의 기본이 글씨체임을 생각하여 한자어마다 바르고 예쁜 경필 쓰기 칸을 두어 글씨 본의 기능도 첨가하였습니다.

교과서 한자어 학습법

한자 공부뿐만 아니라 모든 학습의 기본은 반복 학습이 최고입니다. 특히 인간은 태어나면서부터 반복하는 생활 방식을 익혀야 하는 특징을 지녔습니다.

바로 이 『초등교과서 한자어 [2학년]』학습서는 각 페이지를 차근차근 넘겨 가면서 반복 학습하다 보면 자신도 모르게 한자 낱말이 저절로 익혀지는 특수 학습법으로 구성되었습니다.

첫째, 각 단원에서 배울 한자어 가사를 4분의 4박자 동요 곡에 붙여 노래 불러봅니다.

둘째, 10개의 한자어 한글 가사를 여러분이 알고 있는 4분의 4박자 동요 곡에 붙여 노래를 불러봅니다. 예) 금강산, 봄비, 뻐꾸기, 초록바다, 썰매, 한글날 노래 등

셋째, 이번에는 한글 가사 부분을 안 보이게 다른 종이로 가리고서 그 아래에 있는 한글과 한자로 섞어 쓴 가사를 다시 잘 보면서 노래를 불러봅니다.

넷째, 학습할 한자어의 [암기비법] 풀이를 큰 소리로 여러 차례 읽어봅니다.

다섯째, 학습할 한자어의 [사전풀이]를 큰 소리로 여러 차례 읽어봅니다.

여섯째, 한자 낱말이 사용된 예문을 읽고서 한자 어휘의 독음을 예쁘게 경필로 써봅니다.

일곱째, 한자어가 사용된 예문을 읽고서 한자어의 독음을 예쁘게 써봅니다.

여덟째, 한자어가 쓰인 문장을 읽고서 한자어를 예쁘게 경필 글씨를 써봅니다.

아홉째, 한자어 10개를 익힐 때마다 「다시 한번 해 봐요.」쪽에서 1번부터 5번까지 차근차근 따라서 배운 실력을 스스로 확인해 봅니다.

열째, 「초등교과서 한자어 평가 문제」를 스스로 풀어보고 해답을 보면서 자신의 교과서 한자 어휘 실력을 점검해 봅니다.

목 차

Ⅰ. 국어

Ⅱ. 수학

Ⅲ. 바른 생활

Ⅳ. 슬기로운 생활

Ⅴ. 즐거운 생활

VI. 부록

국어

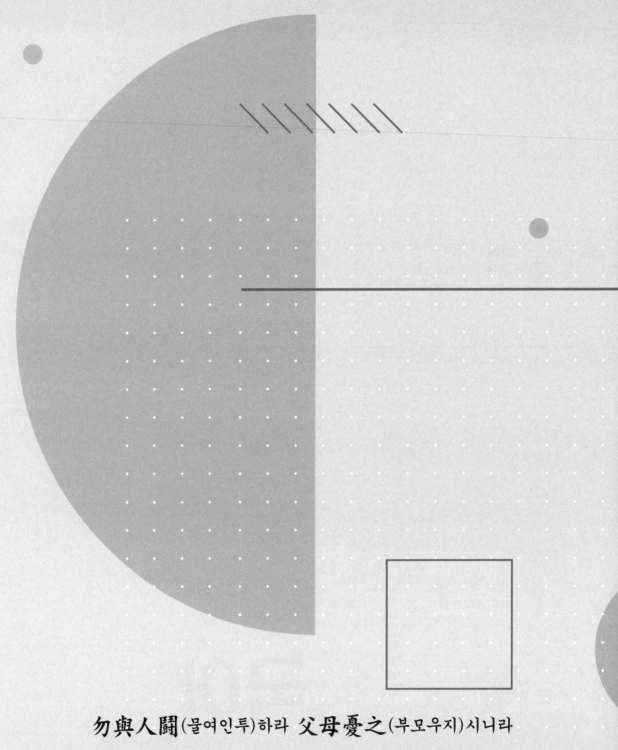

勿與人鬪(물여인투)하라 父母憂之(부모우지)시니라

다른 사람들과 다투지 말라,
부모님께서 그것을 근심하시기 때문이다. 《인성보감》

結果 ＊ 經驗 ＊ 工夫 ＊ 公演 ＊ 公園
關係 ＊ 國語 ＊ 氣分 ＊ 記憶 ＊ 內容

한글로 된 가사를 노래로 부르면 한자어의 뜻이 쉽게 이해돼요.

맺을 결 에	과 실 과 는	열 매 맺음	결 과 이 고
지 낼 경 에	시 험 할 험	몸 소 겪음	경 험 이 며
장 인 공 에	사 내 부 는	배 워 익 힘	공 부 란 뜻
공 평 할 공	펼 연 하 니	재 능 펼 친	공 연 이 고
공 평 할 공	동 산 원 은	놀 이 동 산	공 원 이 며
관 계 할 관	맬 계 하 면	서 로 걸 림	관 계 이 고
나 라 국 에	말 씀 어 는	나 랏 말 씀	국 어 이 며
기 운 기 에	나 늘 분 은	유 쾌 불 쾌	기 분 이 고
기 록 할 기	생 각 할 억	간 직 생 각	기 억 이 며
안 내 에 다	얼 굴 용 은	사 물 속 내	내 용 이 다

이제는 한자로 쓰인 한자어 가사도 쉽게 읽을 수 있어요~~^^

맺을 結 에	果 實 果 는	열 매 맺음	結 果 이 고
지 낼 經 에	試 驗 할 驗	몸 소 겪음	經 驗 이 며
匠 人 工 에	사 내 夫 는	배 워 익 힘	工 夫 란 뜻
公 平 할 公	펼 演 하 니	才 能 펼 친	公 演 이 고
公 平 할 公	동 산 園 은	놀 이 동 산	公 園 이 며
關 係 할 關	맬 係 하 면	서 로 걸 림	關 係 이 고
나 라 國 에	말 씀 語 는	나 랏 말 씀	國 語 이 며
氣 運 氣 에	나 늘 分 은	愉 快 不 快	氣 分 이 고
記 錄 할 記	생 각 할 憶	간 직 생 각	記 憶 이 며
안 內 에 다	얼 굴 容 은	事 物 속 내	內 容 이 다

結 果 결과

結 맺을 **결** + 果 과실 **과** = 結果

🔴 열매[果]를 맺는[結] 것이 結果이다.

🔵 어떤 원인으로 결과가 생김, 열매를 맺음.

❀ 다음 빈칸에 한자어의 독음을 쓰고, 한자어를 예쁘게 써 보세요.

結果 [　] / 結 [　] + 果 [　]

🔴독음연습 수학 평가에서 95점을 받아 뜻밖의 좋을 **結果**를 얻었다.

結	果	結	果				

經 驗 경험

經 지낼 **경** + 驗 시험할 **험** = 經驗

🔴 지내보고[經] 시험[驗]해 보는 것이 經驗이다.

🔵 자신이 실제로 해 보거나 겪어 봄.

❀ 다음 빈칸에 한자어의 독음을 쓰고, 한자어를 예쁘게 써 보세요.

經驗 [　] / 經 [　] + 驗 [　]

🔴독음연습 아직은 **經驗**이 부족하여 일하는 게 서툴다.

經	驗	經	驗				

工 夫 공부

工 장인 공 + 夫 사내 부 = 工夫

（암기비법） 장인[工]된 사내[夫]처럼 힘써 하는 것이 工夫이다.

（사전풀이） 학문이나 기술을 배우고 익힘.

❀ 다음 빈칸에 한자어의 독음을 쓰고, 한자어를 예쁘게 써 보세요.

| 工夫 | | / | 工 | | + | 夫 | |

（독음연습） 工夫는 늙어 죽을 때까지 해도 다 못한다.

工	夫	工	夫					

公 演 공연

公 공평할 공 + 演 펼 연 = 公演

（암기비법） 여러 사람[公] 앞에서 펼쳐[演] 보이는 것이 公演이다.

（사전풀이） 음악, 무용, 연극 따위를 많은 사람 앞에서 보이는 일.

❀ 다음 빈칸에 한자어의 독음을 쓰고, 한자어를 예쁘게 써 보세요.

| 公演 | | / | 公 | | + | 演 | |

（독음연습） 나는 누나와 음악 公演을 보러 갔었다.

公	演	公	演					

公 園　공원

公 공평할 **공** ＋ 園 동산 **원** ＝ 公園

여러 사람[公]이 쉬는 동산[園]이 公園이다.

공중의 보건·휴양·놀이 따위를 위하여 마련한 사회시설.

❀ 다음 빈칸에 한자어의 독음을 쓰고, 한자어를 예쁘게 써 보세요.

公園 ⬜ ／ 公 ⬜ ＋ 園 ⬜

公園에는 여러 가지 놀이 기구가 있어서 좋다.

公	園	公	園					

關 係　관계

關 관계할 **관** ＋ 係 맬 **계** ＝ 關係

빗장[關]처럼 매어진[係] 상태가 關係이다.

둘 이상의 사람, 사물, 현상 따위가 서로 관련을 맺거나 관련이 있음.

❀ 다음 빈칸에 한자어의 독음을 쓰고, 한자어를 예쁘게 써 보세요.

關係 ⬜ ／ 關 ⬜ ＋ 係 ⬜

나와 민수는 아주 친한 친구 關係이다.

關	係	關	係					

國 語 국어

國 나라 국 + 語 말씀 어 = 國語

암기비법 나라[國]의 말씀[語]이 國語이다.

사원풀이 한 나라의 국민이 쓰는 말.

❀ 다음 빈칸에 한자어의 독음을 쓰고, 한자어를 예쁘게 써 보세요.

| 國語 | | / | 國 | | + | 語 | |

독음연습 나는 國語 시간이 제일 즐겁다.

國	語	國	語						

氣 分 기분

氣 기운 기 + 分 나눌 분 = 氣分

암기비법 기운[氣]이 유쾌 불쾌함으로 나뉘는[分] 것이 氣分이다.

유원풀이 대상·환경 따위에 따라 한동안 지속되는, 유쾌함이나 불쾌함의 감정.

❀ 다음 빈칸에 한자어의 독음을 쓰고, 한자어를 예쁘게 써 보세요.

| 氣分 | | / | 氣 | | + | 分 | |

독음연습 오늘 내 氣分은 최고야!

氣	分	氣	分						

記 憶 기억

記 기록할 **기** + 憶 생각할 **억** = 記憶

(딸기해럼) 기록하고[記] 생각하는[憶] 것이 記憶이다.

(사전풀이) 이전의 인상이나 경험을 의식 속에 간직하거나 생각해 냄.

❀ 다음 빈칸에 한자어의 독음을 쓰고, 한자어를 예쁘게 써 보세요.

記憶 [　] / 記 [　] + 憶 [　]

(독음연습) 저 친구는 어디서 본 것 같은데 **記憶**이 잘 나지 않는다.

記	憶	記	憶					

內 容 내용

內 안 **내** + 容 얼굴 **용** = 內容

(딸기해럼) 안에다[內] 담아두는[容] 것이 內容이다.

(사전풀이) 글이나 말 따위의 표현 속에 들어 있는 것. 사물의 속내를 이루는 것.

❀ 다음 빈칸에 한자어의 독음을 쓰고, 한자어를 예쁘게 써 보세요.

內容 [　] / 內 [　] + 容 [　]

(독음연습) 나는 그 글의 **內容**을 정확히 이해하지 못하겠다.

內	容	內	容					

1. 다음 ☐☐안에 알맞은 한자어를 <보기>에서 찾아 써 보세요.

보기: 國語 經驗 關係 工夫 公演 結果 氣分 公園 記憶 內容

맺을결에	과실과는	열매맺음		이고
지낼경에	시험할험	몸소겪음		이며
장인공에	사내부는	배워익힘		란 뜻
공평할공	펼연하니	재능펼친		이고
공평할공	동산원은	놀이동산		이며
관계할관	맬계하면	서로걸림		이고
나라국에	말씀어는	나랏말씀		이며
기운기에	나눌분은	유쾌불쾌		이고
기록할기	생각할억	간직생각		이며
안내에다	얼굴용은	사물속내		이다

2. 다음 한자어의 뜻을 써 보세요.

① 結果 　　　　　⑥ 關係

② 經驗 　　　　　⑦ 國語

③ 工夫 　　　　　⑧ 氣分

④ 公演 　　　　　⑨ 記憶

⑤ 公園 　　　　　⑩ 內容

3. 다음 한자어의 독음을 쓰고, 예쁘게 한자로 써 보세요.

① 結果 | | 結 果 結 果

② 經驗 | | 經 驗 經 驗

③ 工夫 | | 工 夫 工 夫

④ 公演 | | 公 演 公 演

⑤ 公園 | | 公 園 公 園

⑥ 關係 | | 關 係 關 係

⑦ 國語 | | 國 語 國 語

⑧ 氣分 | | 氣 分 氣 分

⑨ 記憶 | | 記 憶 記 憶

⑩ 內容 | | 內 容 內 容

4. 다음 한자어에 독음과 알맞은 뜻을 바르게 연결하세요.

① 結果 • • 내용 • • 자신이 실제로 해 보거나 겪어 봄.

② 經驗 • • 공부 • • 한 나라의 국민이 쓰는 말.

③ 工夫 • • 결과 • • 어떤 원인으로 결과가 생김. 열매를 맺음.

④ 國語 • • 경험 • • 사물의 속내를 이루는 것.

⑤ 內容 • • 국어 • • 학문이나 기술을 배우고 익힘.

한글로 된 가사를 노래로 부르면 한자어의 뜻이 쉽게 이해돼요.

홀 단 에 다	으 뜸 원 은	학 습 단 위	단 원 이 고
대 할 대 에	대 답 답 은	물 음 에 답	대 답 이 며
대 할 대 에	코 끼 리 상	어 떤 상 대	대 상 이 고
대 할 대 에	말 할 화 는	마 주 대 고	대 화 이 며
움 직 일 동	물 건 물 은	움 직 이 는	동 물 이 고
글 월 문 에	글 장 이 면	말 글 표 현	문 장 이 며
되 돌 릴 반	대 할 대 는	서 로 맞 선	반 대 이 고
아 버 지 부	어 머 니 모	낳 고 기 른	내 부 모 님
줄 부 하 여	부 탁 할 탁	일 을 청 해	부 탁 이 며
부 호 부 에	이 름 호 는	정 한 기 호	부 호 이 다

이제는 한자로 쓰인 한자어 가사도 쉽게 읽을 수 있어요~~^ ^

홀 單 에 다	으 뜸 元 은	學 習 單 位	單 元 이 고
對 할 對 에	對 答 答 은	물 음 에 答	對 答 이 며
對 할 對 에	코 끼 리 象	어 떤 相 對	對 象 이 고
對 할 對 에	말 할 話 는	마 주 대 고	對 話 이 며
움 직 일 動	物 件 物 은	움 직 이 는	動 物 이 고
글 월 文 에	글 章 이 면	말 글 表 現	文 章 이 며
되 돌 릴 反	對 할 對 는	서 로 맞 선	反 對 이 고
아 버 지 父	어 머 니 母	낳 고 기 른	내 父 母 님
줄 付 하 여	付 託 할 託	일 을 請 해	付 託 이 며
符 號 符 에	이 름 號 는	定 한 記 號	符 號 이 다

單 元 단원

單 홑 단 + 元 으뜸 원 = 單元

어떤 단위[單]의 으뜸[元]이 單元이다.

어떤 주제나 내용을 중심으로 묶은 학습 단위.

❀ 다음 빈칸에 한자어의 독음을 쓰고, 한자어를 예쁘게 써 보세요.

單元 [ ] / 單 [ ] + 元 [ ]

한 單元을 마치고 다음 單元으로 넘어가다.

單	元	單	元					

對 答 대답

對 대할 대 + 答 대답 답 = 對答

대하여[對] 답하는[答] 것이 對答이다.

상대가 묻는 말에 답하거나 부르는 말에 응하는 것.

❀ 다음 빈칸에 한자어의 독음을 쓰고, 한자어를 예쁘게 써 보세요.

對答 [ ] / 對 [ ] + 答 [ ]

부모님께서 부르시면 빨리 "예"하고 對答한다.

對	答	對	答					

對 象 대상

對 대할 **대** + 象 코끼리 **상** = 對象

(암기비법) 코끼리[象] 같이 상대[對]가 되는 것이 對象이다.

(사전풀이) 어떤 일의 상대나 대상이 되는 것.

❀ 다음 빈칸에 한자어의 독음을 쓰고, 한자어를 예쁘게 써 보세요.

| 對象 | | / | 對 | | + | 象 | |

(독음연습) 이번 동화대회 참가 **對象**은 초등학생까지만 참가할 수 있어요.

對	象	對	象						

對 話 대화

對 대할 **대** + 話 말할 **화** = 對話

(암기비법) 마주 대하여[對] 말하는[話] 것이 對話이다.

(사전풀이) 마주 대하여 이야기를 주고받음.

❀ 다음 빈칸에 한자어의 독음을 쓰고, 한자어를 예쁘게 써 보세요.

| 對話 | | / | 對 | | + | 話 | |

(독음연습) 친구와 **對話**를 할 때에는 고운 말을 사용합시다.

對	話	對	話						

動 物　동물

動 움직일 동 + 物 물건 물 = 動物

움직이는[動] 생물[物]이 動物이다.

사람을 제외한 길짐승, 날짐승, 물짐승 따위를 통틀어 이르는 말.

❀ 다음 빈칸에 한자어의 독음을 쓰고, 한자어를 예쁘게 써 보세요.

動物 　　　 / 動 　　　 + 物 　　

독음연습 나는 어제 動物원에서 각종 動物을 구경했다.

動	物	動	物					

文 章　문장

文 글월 문 + 章 글 장 = 文章

글월[文]이나 글[章]로 표현하는 것이 文章이다.

생각이나 감정을 말과 글로 표현하는 최소의 단위.

❀ 다음 빈칸에 한자어의 독음을 쓰고, 한자어를 예쁘게 써 보세요.

文章 　　　 / 文 　　　 + 章 　　

독음연습 저는 2학년이라서 文章이란 말이 어려워요.

文	章	文	章					

反 對　반대

反 되돌릴 **반** + 對 대할 **대** = 反對

(암기비법) 상대[對]에게 되돌아[反] 서는 것이 反對이다.

(사전풀이) 두 사람이 등지거나 서로 맞서는 상태.

❀ 다음 빈칸에 한자어의 독음을 쓰고, 한자어를 예쁘게 써 보세요.

反對		/	反		+	對	

(독음연습) 제 친구와 저는 **反對**말 찾기 게임을 하였습니다.

反	對	反	對						

父 母　부모

父 아버지 **부** + 母 어머니 **모** = 父母

(암기비법) 아버지[父]와 어머니[母]가 父母이다.

(사전풀이) 아버지와 어머니.

❀ 다음 빈칸에 한자어의 독음을 쓰고, 한자어를 예쁘게 써 보세요.

父母		/	父		+	母	

(독음연습) 저의 **父母**님께서는 항상 웃으시며 말씀하십니다.

父	母	父	母					

付 託 부탁

付 줄 부 + 託 부탁할 탁 = 付託

(암기비법) 무엇을 주라고[付] 부탁하는[託] 것이 付託이다.

(사전풀이) 어떤 일을 해달라고 청하거나 맡김.

❀ 다음 빈칸에 한자어의 독음을 쓰고, 한자어를 예쁘게 써 보세요.

付託 [　] / 付 [　] + 託 [　]

(독음연습) 친구에게 동화책을 빌려 달라고 **付託**을 하였다.

付	託	付	託				

符 號 부호

符 부호 부 + 號 이름 호 = 符號

(암기비법) 부호[符]로 쓰는 기호[號]가 符號이다.

(사전풀이) 일정한 뜻을 나타내기 위하여 따로 정하여 쓰는 기호.

❀ 다음 빈칸에 한자어의 독음을 쓰고, 한자어를 예쁘게 써 보세요.

符號 [　] / 符 [　] + 號 [　]

(독음연습) 다음 문장에 알맞은 **符號**를 써 보세요.

符	號	符	號				

1. 다음 ☐☐안에 알맞은 한자어를 <보기>에서 찾아 써 보세요.

| 보기 | 文章 對答 付託 對話 父母 動物 對象 反對 單元 符號 |

홑 단 에 다	으 뜸 원 은	학 습 단 위		이 고
대 할 대 에	대 답 답 은	물 음 에 답		이 며
대 할 대 에	코 끼 리 상	어 떤 상 대		이 고
대 할 대 에	말 할 화 는	마 주 대 고		이 며
움 직 일 동	물 건 물 은	움 직 이 는		이 고
글 월 문 에	글 장 이 면	말 글 표 현		이 며
되 돌 릴 반	대 할 대 는	서 로 맞 선		이 고
아 버 지 부	어 머 니 모	낳 고 기 른	내	님
줄 부 하 여	부 탁 할 탁	일 을 청 해		이 며
부 호 부 에	이 름 호 는	정 한 기 호		이 다

2. 다음 한자어의 뜻을 써 보세요.

① 單元 ☐

② 對答 ☐

③ 對象 ☐

④ 對話 ☐

⑤ 動物 ☐

⑥ 文章 ☐

⑦ 反對 ☐

⑧ 父母 ☐

⑨ 付託 ☐

⑩ 符號 ☐

3. 다음 한자어의 독음을 쓰고, 예쁘게 한자로 써 보세요.

①	單元		單	元	單	元		
②	對答		對	答	對	答		
③	對象		對	象	對	象		
④	對話		對	話	對	話		
⑤	動物		動	物	動	物		
⑥	文章		文	章	文	章		
⑦	反對		反	對	反	對		
⑧	父母		父	母	父	母		
⑨	付託		付	託	付	託		
⑩	符號		符	號	符	號		

4. 다음 한자어에 독음과 알맞은 뜻을 바르게 연결하세요.

① 文章 · · 부탁 · · 어떤 일의 상대나 대상이 되는 것.

② 動物 · · 부모 · · 살아 움직이는 생물.

③ 父母 · · 대상 · · 생각이나 감정을 말과 글로 표현하는 최소의 단위.

④ 付託 · · 동물 · · 아버지와 어머니.

⑤ 對象 · · 문장 · · 어떤 일을 해달라고 청하거나 맡김.

先生 * 紹介 * 安寧 * 兩班 * 理解
自身 * 整理 * 正確 * 質問 * 次例

한글로 된 가사를 노래로 부르면 한자어의 뜻이 쉽게 이해돼요.

먼 저 선 에	날 생 하 면	가 르 치 는	선 생 이 고
이 을 소 에	끼 일 개 는	서 로 알 게	소 개 이 며
편 안 할 안	편 안 할 녕	걱 정 없 다	안 녕 이 고
두 량 에 다	나 눌 반 은	신 분 높 은	양 반 이 며
이 치 리 에	풀 해 하 니	사 리 해 석	이 해 이 고
스 스 로 자	몸 신 이 면	자 기 의 몸	자 신 이 며
가 지 런 정	이 치 리 는	질 서 상 태	정 리 이 고
바 를 정 에	굴 을 확 은	바 른 확 실	정 확 이 며
바 탕 질 에	물 을 문 은	바 탕 물 음	질 문 이 고
버 금 차 에	법 식 례 는	순 서 구 분	차 례 이 다

이제는 한자로 쓰인 한자어 가사도 쉽게 읽을 수 있어요~~^^

먼 저 先 에	날 生 하 면	가 르 치 는	先 生 이 고
이 을 紹 에	끼 일 介 는	서 로 알 게	紹 介 이 며
便 安 할 安	便 安 할 寧	걱 정 없 다	安 寧 이 고
두 兩 에 다	나 눌 班 은	身 分 높 은	兩 班 이 며
理 致 理 에	풀 解 하 니	事 理 解 釋	理 解 이 고
스 스 로 自	몸 身 이 면	自 己 의 몸	自 身 이 며
가 지 런 整	理 致 理 는	秩 序 狀 態	整 理 이 고
바 를 正 에	굴 을 確 은	바 른 確 實	正 確 이 며
바 탕 質 에	물 을 問 은	바 탕 물 음	質 問 이 고
버 금 次 에	法 式 例 는	順 序 區 分	次 例 이 다

先 生 　선생

先 먼저 선 ＋ 生 날 생 ＝ 先生

먼저[先] 태어나서[生] 가르치는 사람이 先生이다.

학생을 가르치는 사람.

❀ 다음 빈칸에 한자어의 독음을 쓰고, 한자어를 예쁘게 써 보세요.

先生 ⬜ / 先 ⬜ ＋ 生 ⬜

독음 연습 우리 반 담임先生님께서 집에 오셨다.

先	生	先	生						

紹 介 　소개

紹 이을 소 ＋ 介 끼일 개 ＝ 紹介

두 사람을 이어[紹]주려고 끼어드는[介] 것이 紹介이다.

둘 사이에서 양편의 일이 진행되게 주선함.

❀ 다음 빈칸에 한자어의 독음을 쓰고, 한자어를 예쁘게 써 보세요.

紹介 ⬜ / 紹 ⬜ ＋ 介 ⬜

독음 연습 어느 누구의 紹介도 없이 그 사람을 찾아갔다.

紹	介	紹	介						

安 寧 안녕

安 편안할 **안** + 寧 편안할 **녕** = 安寧

편안하고[安] 편안한[寧] 것이 安寧이다.

아무 탈 없이 편안함.

✿ 다음 빈칸에 한자어의 독음을 쓰고, 한자어를 예쁘게 써 보세요.

| 安寧 | | / | 安 | | + | 寧 | |

독음연습 그럼 **安寧**, 내일 보자.

| 安 | 寧 | 安 | 寧 | | | | | | |

兩 班 양반

兩 두 **량** + 班 나눌 **반** = 兩班

동반과 서반의 두[兩]개로 나뉘어[班]진 것이 兩班이다.

점잖고 예의 바른 사람.

✿ 다음 빈칸에 한자어의 독음을 쓰고, 한자어를 예쁘게 써 보세요.

| 兩班 | | / | 兩 | | + | 班 | |

독음연습 점잖으신 **兩班**이 왜 이러시는지요?

| 兩 | 班 | 兩 | 班 | | | | | |

理 解　이해

理　이치　**리** + 解　풀　**해** = 理解

암기비법 이치를[理] 푸는[解] 것이 理解이다.

사전풀이 사리를 분별하여 해석함.

❀ 다음 빈칸에 한자어의 독음을 쓰고, 한자어를 예쁘게 써 보세요.

理解　　　　/　理　　　　+　解

독음연습 선생님께서 자세히 설명하시니까 **理解**하기 쉬워요.

理	解	理	解						

自 身　자신

自　스스로　**자** + 身　몸　**신** = 自身

암기비법 스스로[自]의 몸[身]이 自身이다.

사전풀이 그 사람의 몸 또는 바로 그 사람을 이르는 말.

❀ 다음 빈칸에 한자어의 독음을 쓰고, 한자어를 예쁘게 써 보세요.

自身　　　　/　自　　　　+　身

독음연습 그는 **自身**도 모르는 사이에 점점 변해 갔다.

自	身	自	身						

整 理 　정리

整 가지런할 정 ＋ 理 이치 리 ＝ 整理

가지런한[整] 이치[理]가 整理이다.

흐트러진 것을 가지런히 바로잡음.

❀ 다음 빈칸에 한자어의 독음을 쓰고, 한자어를 예쁘게 써 보세요.

整理		/	整		＋	理	

이삿짐 整理에 꼬박 일주일이나 걸렸다.

整	理	整	理					

正 確 　정확

正 바를 정 ＋ 確 굳을 확 ＝ 正確

바르고[正] 확실한[確] 것이 正確이다.

바르고 확실함.

❀ 다음 빈칸에 한자어의 독음을 쓰고, 한자어를 예쁘게 써 보세요.

正確		/	正		＋	確	

다음 문제를 잘 읽고 正確한 답을 쓰세요.

正	確	正	確					

質問 질문

質 바탕 질 + 問 물을 문 = 質問

암기비령 바탕[質]을 물어보는[問] 것이 質問이다.

사전풀이 알고자 하는 바를 얻기 위해 물음.

❀ 다음 빈칸에 한자어의 독음을 쓰고, 한자어를 예쁘게 써 보세요.

| 質問 | | / | 質 | | + | 問 | |

독음연습 선생님께서는 쉽게 **質問**을 하시니까 좋아요.

質	問	質	問				

次例 차례

次 버금 차 + 例 법식 례 = 次例

암기비령 버금[次]의 법식[例]이 次例이다.

사전풀이 순서에 따라 구분하여 나가는 관계.

❀ 다음 빈칸에 한자어의 독음을 쓰고, 한자어를 예쁘게 써 보세요.

| 次例 | | / | 次 | | + | 例 | |

독음연습 버스를 탈 때에는 **次例**를 지켜야 합니다.

次	例	次	例				

1. 다음 ☐☐안에 알맞은 한자어를 <보기>에서 찾아 써 보세요.

| 보기 | 理解 紹介 次例 自身 兩班 先生 正確 質問 整理 安寧 |

먼 저 선 에	날 생 하 면	가 르 치 는			이 고
이 을 소 에	끼 일 개 는	서 로 알 게			이 며
편 안 할 안	편 안 할 녕	걱 정 없 다			이 고
두 량 에 다	나 눌 반 은	신 분 높 은			이 며
이 치 리 에	풀 해 하 니	사 리 해 석			이 고
스 스 로 자	몸 신 이 면	자 기 의 몸			이 며
가 지 런 정	이 치 리 는	질 서 상 태			이 고
바 를 정 에	굳 을 확 은	바 른 확 실			이 며
바 탕 질 에	물 을 문 은	바 탕 물 음			이 고
버 금 차 에	법 식 례 는	순 서 구 분			이 다

2. 다음 한자어의 뜻을 써 보세요.

① 先生　　　　　　　　　⑥ 自身

② 紹介　　　　　　　　　⑦ 整理

③ 安寧　　　　　　　　　⑧ 正確

④ 兩班　　　　　　　　　⑨ 質問

⑤ 理解　　　　　　　　　⑩ 次例

3. 다음 한자어의 독음을 쓰고, 예쁘게 한자로 써 보세요.

①	先生		先	生	先	生			
②	紹介		紹	介	紹	介			
③	安寧		安	寧	安	寧			
④	兩班		兩	班	兩	班			
⑤	理解		理	解	理	解			
⑥	自身		自	身	自	身			
⑦	整理		整	理	整	理			
⑧	正確		正	確	正	確			
⑨	質問		質	問	質	問			
⑩	次例		次	例	次	例			

4. 다음 한자어에 독음과 알맞은 뜻을 바르게 연결하세요.

① 正確 • • 선생 • • 점잖고 예의 바른 사람.

② 先生 • • 정확 • • 사리를 분별하여 해석함.

③ 兩班 • • 소개 • • 학생을 가르치는 사람.

④ 理解 • • 이해 • • 바르고 확실함.

⑤ 紹介 • • 양반 • • 둘 사이에서 양편의 일이 진행되게 주선함.

忠告 * 親舊 * 稱讚 * 便紙 * 標示
表情 * 表現 * 學習 * 確認 * 活用

📍 한글로 된 가사를 노래로 부르면 한자어의 뜻이 쉽게 이해돼요.

충 성 충 에	알 릴 고 는	결 함 지 적	충 고 이 고
친 할 친 에	옛 구 하 여	친 한 사 귐	친 구 이 며
일 컬 을 칭	기 릴 찬 은	높 이 평 가	칭 찬 이 고
편 할 편 에	종 이 지 는	소 식 적 은	편 지 이 며
우 듬 지 표	보 일 시 는	외 부 보 임	표 시 이 고
드 러 나 는	감 정 모 습	걸 표 뜻 정	표 정 이 며
걸 표 에 다	나 타 날 현	속 나 타 낸	표 현 이 고
배 울 학 에	익 힐 습 은	배 워 익 힌	학 습 이 며
굳 을 확 에	알 인 이 면	확 실 인 정	확 인 이 고
이 리 저 리	이 용 잘 한	살 활 쓸 용	활 용 이 다

📍 이제는 한자로 쓰인 한자어 가사도 쉽게 읽을 수 있어요~~^^

忠 誠 忠 에	알 릴 告 는	缺 陷 指 摘	忠 告 이 고
親 할 親 에	옛 舊 하 여	親 한 사 귐	親 舊 이 며
일 컬 을 稱	기 릴 讚 은	높 이 評 價	稱 讚 이 고
便 할 便 에	종 이 紙 는	消 息 적 은	便 紙 이 며
우 듬 지 標	보 일 示 는	外 部 보 임	標 示 이 고
드 러 나 는	感 情 모 습	걸 表 뜻 情	表 情 이 며
걸 表 에 다	나 타 날 現	속 나 타 낸	表 現 이 고
배 울 學 에	익 힐 習 은	배 워 익 힌	學 習 이 며
굳 을 確 에	알 認 이 면	確 實 認 定	確 認 이 고
이 리 저 리	利 用 잘 한	살 活 쓸 用	活 用 이 다

忠 告　충고

忠　충성　충　+　告　알릴　고　=　忠告

(팔기비법) 충성[忠]스럽게 알려주는[告] 것이 忠告이다.

(사전풀이) 남의 결함이나 잘못을 고치도록 타이름

❀ 다음 빈칸에 한자어의 독음을 쓰고, 한자어를 예쁘게 써 보세요.

| 忠告 | | / | 忠 | | + | 告 | |

(독음연습) 忠告하는 말은 듣기 싫지만 나를 잘 되라고 하는 말입니다.

| 忠 | 告 | 忠 | 告 | | | | | | |

親 舊　친구

親　친할　친　+　舊　옛　구　=　親舊

(팔기비법) 옛날[舊]부터 친하게[親] 사귄 사람이 親舊이다.

(사전풀이) 가깝게 오래 사귄 사람.

❀ 다음 빈칸에 한자어의 독음을 쓰고, 한자어를 예쁘게 써 보세요.

| 親舊 | | / | 親 | | + | 舊 | |

(독음연습) 우리 동네에는 같이 놀 만한 親舊가 없다.

| 親 | 舊 | 親 | 舊 | | | | | | |

稱 讚 칭찬

稱 일컬을 **칭** + 讚 기릴 **찬** = 稱讚

일컬어서[稱] 기리는[讚] 것이 稱讚이다.

좋은 점이나 착하고 훌륭한 일을 높이 평가함. 또는 그런 말.

❀ 다음 빈칸에 한자어의 독음을 쓰고, 한자어를 예쁘게 써 보세요.

| 稱讚 | | / | 稱 | | + | 讚 | |

나는 청소를 깨끗이 했다고 어머니께 **稱讚**을 받았다.

稱	讚	稱	讚					

便 紙 편지

便 편할 **편** + 紙 종이 **지** = 便紙

편안한지[便] 종이[紙]에 적어보내는 글이 便紙이다.

안부, 소식, 용무 따위를 적어 보내는 글.

❀ 다음 빈칸에 한자어의 독음을 쓰고, 한자어를 예쁘게 써 보세요.

| 便紙 | | / | 便 | | + | 紙 | |

우리는 국군장병 아저씨에게 위문 **便紙**를 썼습니다.

便	紙	便	紙					

標 示 표시

標 우듬지 표 + 示 보일 시 = 標示

우듬지[標]에 보이도록[示] 해 놓은 것이 標示이다.

표를 하여 외부에 드러내 보임.

❀ 다음 빈칸에 한자어의 독음을 쓰고, 한자어를 예쁘게 써 보세요.

標示 [ ] / 標 + 示

이사를 갈 때 짐이 섞이지 않도록 **標示**를 하였다.

標	示	標	示						

表 情 표정

表 겉 표 + 情 뜻 정 = 表情

겉으로[表] 나타난 뜻[情]이 表情이다.

마음속에 품은 감정이나 정서 따위의 심리 상태가 겉으로 드러남.

❀ 다음 빈칸에 한자어의 독음을 쓰고, 한자어를 예쁘게 써 보세요.

表情 [ ] / 表 + 情

그의 천진스러운 **表情**에 반했다

表	情	表	情						

表 現　표현

表　겉　표　＋　現　나타날　현　＝　表現

겉으로[表] 나타내[現] 보이는 것이 表現이다.

생각이나 느낌 따위를 언어나 몸짓 따위의 형상으로 드러내어 나타냄.

❀ 다음 빈칸에 한자어의 독음을 쓰고, 한자어를 예쁘게 써 보세요.

表現　　　　　/　表　　　　　＋　現

나는 선생님에 대한 감사의 表現으로 자그마한 선물을 드렸다.

表	現	表	現					

學 習　학습

學　배울　학　＋　習　익힐　습　＝　學習

배워서[學] 익히는[習] 것이 學習이다.

배워서 익힘.

❀ 다음 빈칸에 한자어의 독음을 쓰고, 한자어를 예쁘게 써 보세요.

學習　　　　　/　學　　　　　＋　習

오늘 學習은 세 시간이나 계속되었다.

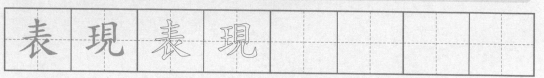

確 認　확인

確 굳을 확 + 認 알 인 = 確認

(암기비법) 굳게[確] 아는[認] 것이 確認이다.

(사전풀이) 틀림없이 그러한가를 알아보거나 인정함. 또는 그런 인정.

❀ 다음 빈칸에 한자어의 독음을 쓰고, 한자어를 예쁘게 써 보세요.

確認 [　] / 確 [　] + 認 [　]

(독음연습) 나는 내 짝에게 명확한 確認을 받고 싶었다.

確	認	確	認				

活 用　활용

活 살 활 + 用 쓸 용 = 活用

(암기비법) 잘 살려[活] 쓰는[用] 것이 活用이다.

(사전풀이) 충분히 잘 이용함.

❀ 다음 빈칸에 한자어의 독음을 쓰고, 한자어를 예쁘게 써 보세요.

活用 [　] / 活 [　] + 用 [　]

(독음연습) 한자 사전을 活用하여 다음의 문장을 읽어봅시다.

活	用	活	用				

1. 다음 ☐☐안에 알맞은 한자어를 <보기>에서 찾아 써 보세요.

보기	確認 親舊 表現 稱讚 表情 便紙 學習 標示 忠告 活用

충 성 충 에	알 릴 고 는	결 함 지 적		이 고
친 할 친 에	옛 구 하 여	친 한 사 귐		이 며
일 컬 을 칭	기 릴 찬 은	높 이 평 가		이 고
편 할 편 에	종 이 지 는	소 식 적 은		이 며
우 듬 지 표	보 일 시 는	외 부 보 임		이 고
드 러 나 는	감 정 모 습	겉 표 뜻 정		이 며
겉 표 에 다	나 타 날 현	속 나 타 낸		이 고
배 울 학 에	익 힐 습 은	배 워 익 힌		이 며
굳 을 확 에	알 인 이 면	확 실 인 정		이 고
이 리 저 리	이 용 잘 한	살 활 쓸 용		이 다

2. 다음 한자어의 뜻을 써 보세요.

① 忠告 ____

② 親舊 ____

③ 稱讚 ____

④ 便紙 ____

⑤ 標示 ____

⑥ 表情 ____

⑦ 表現 ____

⑧ 學習 ____

⑨ 確認 ____

⑩ 活用 ____

3. 다음 한자어의 독음을 쓰고, 예쁘게 한자로 써 보세요.

①	忠告		忠	告	忠	告	
②	親舊		親	舊	親	舊	
③	稱讚		稱	讚	稱	讚	
④	便紙		便	紙	便	紙	
⑤	標示		標	示	標	示	
⑥	表情		表	情	表	情	
⑦	表現		表	現	表	現	
⑧	學習		學	習	學	習	
⑨	確認		確	認	確	認	
⑩	活用		活	用	活	用	

4. 다음 한자어에 독음과 알맞은 뜻을 바르게 연결하세요.

① 忠告 ・ ・ 표시 ・ ・ 배워서 익힘.

② 標示 ・ ・ 친구 ・ ・ 표를 하여 외부에 드러내 보임.

③ 親舊 ・ ・ 학습 ・ ・ 충분히 잘 이용함.

④ 學習 ・ ・ 활용 ・ ・ 가깝게 오래 사귄 사람.

⑤ 活用 ・ ・ 충고 ・ ・ 남의 결함이나 잘못을 고치도록 타이름.

수학

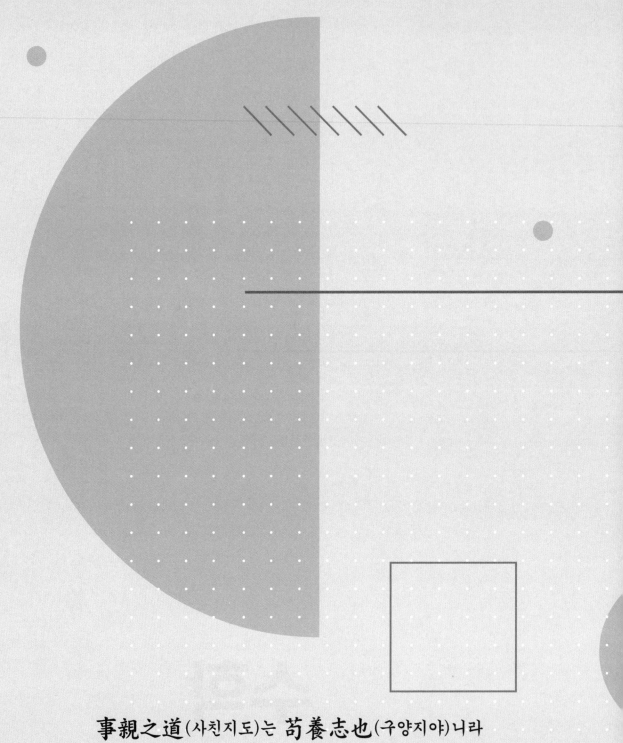

事親之道(사친지도)는 苟養志也(구양지야)니라

어버이를 섬기는 도리는,
진실로 (부모님의) 뜻을 봉양하는 것이다. 《인성보감》

計算 * 教科書 * 規則 * 基準 * 圖形
銅錢 * 模樣 * 模型 * 問題 * 物件

한글로 된 가사를 노래로 부르면 한자어의 뜻이 쉽게 이해돼요.

수 를 셈 해	값 을 치 룬	셀 계 셀 산	계 산 이 고
가 르 칠 교	과 목 과 에	글 서 하 여	교 과 서 며
법 규 에 다	법 칙 칙 은	정 한 법 칙	규 칙 이 고
터 기 에 다	수 준 기 준	기 본 표 준	기 준 이 며
그 림 도 에	모 양 형 은	그 림 모 양	도 형 이 고
구 리 동 에	돈 전 하 니	합 금 한 돈	동 전 이 며
모 양 모 에	모 양 양 은	겉 의 생 김	모 양 이 고
본 뜰 모 에	거 푸 집 형	본 뜬 물 건	모 형 이 며
물 을 문 에	표 제 제 는	해 답 필 요	문 제 이 고
물 건 물 에	물 건 건 은	형 체 갖 춘	물 건 이 다

이제는 한자로 쓰인 한자어 가사도 쉽게 읽을 수 있어요~~^^

數 를 셈 해	값 을 치 룬	셀 計 셀 算	計 算 이 고
가 르 칠 敎	科 目 科 에	글 書 하 여	敎 科 書 며
法 規 에 다	法 則 則 은	定 한 法 則	規 則 이 고
터 基 에 다	水 準 器 準	基 本 標 準	基 準 이 며
그 림 圖 에	模 樣 形 은	그 림 模 樣	圖 形 이 고
구 리 銅 에	돈 錢 하 니	合 金 한 돈	銅 錢 이 며
模 樣 模 에	模 樣 樣 은	겉 의 생 김	模 樣 이 고
본 뜰 模 에	거 푸 집 型	본 뜬 物 件	模 型 이 며
물 을 問 에	表 題 題 는	解 答 必 要	問 題 이 고
物 件 物 에	物 件 件 은	形 體 갖 춘	物 件 이 다

計 算 　계산

計 셀 계 + 算 셀 산 = 計算

수를 세고[計] 셈하는[算] 것이 計算이다.

수를 셈하는 것.

❀ 다음 빈칸에 한자어의 독음을 쓰고, 한자어를 예쁘게 써 보세요.

計算 ☐ / 計 ☐ + 算 ☐

수학에서 **計算**하는 문제는 어려워요.

計	算	計	算						

教科書 　교과서

教 가르칠교 + 科 과목 과 + 書 글 서 = 教科書

가르치는[教] 과목[科]의 책[書]이 教科書이다.

학교 교과용이나 학습의 내용이 짜여진 교재.

❀ 다음 빈칸에 한자어의 독음을 쓰고, 한자어를 예쁘게 써 보세요.

教科書 ☐ / 教 ☐ + 科 ☐ + 書 ☐

학교에서는 **教科書**로 공부를 합니다.

教	科	書	教	科	書				

規 則　규칙

規　법　규 ＋ 則　법칙　칙 ＝ 規則

암기비법 법[規]이나 법칙[則]이 規則이다.

사전풀이 여러 사람이 지키기로 정한 법칙.

❀ 다음 빈칸에 한자어의 독음을 쓰고, 한자어를 예쁘게 써 보세요.

規則		/	規		＋	則	

독음연습 우리는 학생이니까 학교 規則을 잘 지켜야 합니다.

規	則	規	則						

基 準　기준

基　터　기 ＋ 準　수준기　준 ＝ 基準

암기비법 기본[基]이 되는 표준[準]이 基準이다.

사전풀이 기본이 되는 표준.

❀ 다음 빈칸에 한자어의 독음을 쓰고, 한자어를 예쁘게 써 보세요.

基準		/	基		＋	準	

독음연습 이번 평가 基準은 실제로 경험한 것을 묻는다고 합니다.

基	準	基	準						

圖 形　도형

圖　그림　도　+　形　모양　형　=　圖形

그림[圖]의 모양[形]이 圖形이다.

그림의 모양이나 형태.

❀ 다음 빈칸에 한자어의 독음을 쓰고, 한자어를 예쁘게 써 보세요.

圖形　　　/　圖　　　+　形

圖形에는 삼각형, 사각형, 원형 등이 있어요.

圖	形	圖	形				

銅 錢　동전

銅　구리　동　+　錢　돈　전　=　銅錢

구리[銅]로 만든 돈[錢]이 銅錢이다.

구리와 주석으로 합금하여 만든 돈.

❀ 다음 빈칸에 한자어의 독음을 쓰고, 한자어를 예쁘게 써 보세요.

銅錢　　　/　銅　　　+　錢

우리 집 저금통에는 銅錢이 많이 들어있습니다.

銅	錢	銅	錢				

模 樣 　모양

模 　모양 모 + 樣 　모양 양 = 模樣

(암기비법) 모양[模]과 모양[樣]이 模樣이다.

(사전풀이) 겉으로 나타나는 생김새나 모습.

✿ 다음 빈칸에 한자어의 독음을 쓰고, 한자어를 예쁘게 써 보세요.

| 模樣 | | / | 模 | | + | 樣 | |

(독음연습) 갖가지 **模樣**의 물고기 그림에 색칠을 하여 봅시다.

模	樣	模	樣					

模 型 　모형

模 　본뜰 모 + 型 　거푸집 형 = 模型

(암기비법) 본떠서[模] 만든 거푸집[型]이 模型이다.

(사전풀이) 실물을 본떠서 만든 물건.

✿ 다음 빈칸에 한자어의 독음을 쓰고, 한자어를 예쁘게 써 보세요.

| 模型 | | / | 模 | | + | 型 | |

(독음연습) 찰흙으로 자동차 **模型**을 만들었습니다.

模	型	模	型					

問 題 문제

問 물을 문 + 題 표제 제 = 問題

물어보는[問] 표제[題]가 問題이다.

해답을 요구하는 물음.

❀ 다음 빈칸에 한자어의 독음을 쓰고, 한자어를 예쁘게 써 보세요.

問題 □ / 問 □ + 題 □

다음 問題를 잘 읽고 정답을 알아 맞혀 보세요.

問	題	問	題						

物 件 물건

物 물건 물 + 件 물건 건 = 物件

물건[物]과 물건[件]이 物件이다.

일정한 형체를 갖춘 모든 물질적 대상.

❀ 다음 빈칸에 한자어의 독음을 쓰고, 한자어를 예쁘게 써 보세요.

物件 □ / 物 □ + 件 □

내 짝은 자주 남의 物件에 손을 댑니다.

物	件	物	件						

1. 다음 □□안에 알맞은 한자어를 <보기>에서 찾아 써 보세요.

| 보기 | 教科書 銅錢 模樣 規則 物件 基準 圖形 計算 模型 問題 |

수 를 셈 해	값 을 치 룬	셀 계 셀 산		이 고
가 르 칠 교	과 목 과 에	글 서 하 여		며
법 규 에 다	법 칙 칙 은	정 한 법 칙		이 고
터 기 에 다	수 준 기 준	기 본 표 준		이 며
그 림 도 에	모 양 형 은	그 림 모 양		이 고
구 리 동 에	돈 전 하 니	합 금 한 돈		이 며
모 양 모 에	모 양 양 은	겉 의 생 김		이 고
본 뜰 모 에	거 푸 집 형	본 뜬 물 건		이 며
물 을 문 에	표 제 제 는	해 답 필 요		이 고
물 건 물 에	물 건 건 은	형 체 갖 춘		이 다

2. 다음 한자어의 뜻을 써 보세요.

① 計算

② 教科書

③ 規則

④ 基準

⑤ 圖形

⑥ 銅錢

⑦ 模樣

⑧ 模型

⑨ 問題

⑩ 物件

3. 다음 한자어의 독음을 쓰고, 예쁘게 한자로 써 보세요.

①	計算		計	算	計	算		
②	敎科書		敎	科	書	敎	科	書
③	規則		規	則	規	則		
④	基準		基	準	基	準		
⑤	圖形		圖	形	圖	形		
⑥	銅錢		銅	錢	銅	錢		
⑦	模樣		模	樣	模	樣		
⑧	模型		模	型	模	型		
⑨	問題		問	題	問	題		
⑩	物件		物	件	物	件		

4. 다음 한자어에 독음과 알맞은 뜻을 바르게 연결하세요.

① 計算 ・　・ 도형 ・　・ 여러 사람이 지키기로 정한 법칙.

② 規則 ・　・ 모양 ・　・ 그림의 모양이나 형태.

③ 基準 ・　・ 계산 ・　・ 수를 셈하는 것.

④ 圖形 ・　・ 규칙 ・　・ 겉으로 나타나는 생김새나 모습.

⑤ 模樣 ・　・ 기준 ・　・ 기본이 되는 표준.

方法 * 補充 * 分類 * 比較 * 使用
箱子 * 色漆 * 數字 * 數學 * 順序

한글로 된 가사를 노래로 부르면 한자어의 뜻이 쉽게 이해돼요.

목 적 달 성	방 식 수 단	모 방 법 법	방 법 이 고
기 울 보 에	채 울 충 은	채 워 보 탬	보 충 이 며
나 눌 분 에	무 리 류 는	종 류 나 눔	분 류 이 고
견 줄 비 에	견 줄 교 는	견 준 다 는	비 교 이 며
부 릴 사 에	쓸 용 하 여	부 려 쓰 는	사 용 이 고
상 자 상 에	물 건 자 는	물 건 담 는	상 자 이 며
빛 색 에 다	옷 칠 하 여	빛 깔 칠 한	색 칠 이 고
셈 수 에 다	글 자 자 는	수 의 글 자	수 자 이 며
셈 수 하 여	배 울 학 은	숫 자 학 문	수 학 이 고
순 할 순 에	차 례 서 는	선 후 나 열	순 서 이 다

이제는 한자로 쓰인 한자어 가사도 쉽게 읽을 수 있어요~~^^

目 的 達 成	方 式 手 段	모 方 法 法	方 法 이 고
기 울 補 에	채 울 充 은	채 워 보 탬	補 充 이 며
나 눌 分 에	무 리 類 는	種 類 나 눔	分 類 이 고
견 줄 比 에	견 줄 較 는	견 준 다 는	比 較 이 며
부 릴 使 에	쓸 用 하 여	부 려 쓰 는	使 用 이 고
箱 子 箱 에	物 件 子 는	物 件 담 는	箱 子 이 며
빛 色 에 다	옷 漆 하 여	빛 깔 漆 한	色 漆 이 고
셈 數 에 다	글 자 字 는	數 의 글 자	數 字 이 며
셈 數 하 여	배 울 學 은	數 字 學 問	數 學 이 고
順 할 順 에	次 例 序 는	先 後 羅 列	順 序 이 다

方 法 　방법

| 方 | 모 | **방** | + | 法 | 법 | **법** | = | 方法 |

방식[方]이나 법[法]이 方法이다.

어떤 일을 해 나가거나 목적을 이루기 위하여 취하는 수단이나 방식.

❀ 다음 빈칸에 한자어의 독음을 쓰고, 한자어를 예쁘게 써 보세요.

| 方法 | | / | 方 | | + | 法 | |

독음연습 무슨 좋은 **方法**이 없을까?

| 方 | 法 | 方 | 法 | | | | | |

補 充 　보충

| 補 | 기울 | **보** | + | 充 | 채울 | **충** | = | 補充 |

깁고[補] 채우는[充] 것이 補充이다.

부족한 것을 보태어 채움.

❀ 다음 빈칸에 한자어의 독음을 쓰고, 한자어를 예쁘게 써 보세요.

| 補充 | | / | 補 | | + | 充 | |

독음연습 오늘은 방과 후 **補充**수업을 하는 날입니다.

| 補 | 充 | 補 | 充 | | | | | |

分 類 분류

分 나눌 분 + 類 무리 류 = 分類

(밤기풀이) 무리[類]대로 나누는[分] 것이 分類이다.

(사전풀이) 종류에 따라서 가름.

❀ 다음 빈칸에 한자어의 독음을 쓰고, 한자어를 예쁘게 써 보세요.

| 分類 | | / | 分 | | + | 類 | |

(독음연습) 여러 가지 장난감을 종류별로 分類해 봅시다.

分	類	分	類						

比 較 비교

比 견줄 비 + 較 견줄 교 = 比較

(밤기풀이) 견주고[比] 견주는[較] 것이 比較이다.

(사전풀이) 둘 이상의 사물을 견주어 서로 간의 유사점 따위를 고찰하는 일.

❀ 다음 빈칸에 한자어의 독음을 쓰고, 한자어를 예쁘게 써 보세요.

| 比較 | | / | 比 | | + | 較 | |

(독음연습) 두 사람의 키를 比較해 봅시다.

比	較	比	較						

使 用　사용

| 使 | 부릴　사 | + | 用 | 쓸　용 | = | 使用 |

🔵 부려서[使] 쓰는[用] 것이 使用이다.

🔵 물건을 쓰거나 사람을 부림.

✿ 다음 빈칸에 한자어의 독음을 쓰고, 한자어를 예쁘게 써 보세요.

| 使用 | | / | 使 | | + | 用 | |

🔵 독음연습　제가 **使用**하는 물건은 제가 정리합니다.

| 使 | 用 | 使 | 用 | | | | | |

箱 子　상자

| 箱 | 상자　상 | + | 子 | 물건　자 | = | 箱子 |

🔵 상자[箱]인 물건[子]이 箱子이다.

🔵 물건을 넣어 두기 위하여 만든 네모난 그릇.

✿ 다음 빈칸에 한자어의 독음을 쓰고, 한자어를 예쁘게 써 보세요.

| 箱子 | | / | 箱 | | + | 子 | |

🔵 독음연습　택배로 배달된 **箱子** 뚜껑을 여니 옷이 들어 있었다.

| 箱 | 子 | 箱 | 子 | | | | | |

色 漆　색칠

色　빛　색　+　漆　옷　칠　=　色漆

암기비결　빛깔[色]을 칠하는[漆] 것이 色漆이다.

사전풀이　색깔이 나게 칠을 함. 또는 그 칠.

❀ 다음 빈칸에 한자어의 독음을 쓰고, 한자어를 예쁘게 써 보세요.

色漆		/	色		+	漆	

독음연습　스케치를 끝내고 色漆을 시작하였다.

色	漆	色	漆				

數 字　숫자

數　셈　수　+　字　글자　자　=　數字

암기비결　수[數]를 나타내는 글자[字]가 數字이다.

사전풀이　수를 나타내는 글자.

❀ 다음 빈칸에 한자어의 독음을 쓰고, 한자어를 예쁘게 써 보세요.

數字		/	數		+	字	

독음연습　수학시간에는 數字카드놀이를 하면서 공부합니다.

數	字	數	字				

數 學 수학

| 數 | 셈 **수** | + | 學 | 배울 **학** | = | 數學 |

(암기비법) 셈[數]에 관해 배우는[學] 것이 數學이다.

(사전풀이) 수량 및 공간의 성질에 관하여 연구하는 학문.

❀ 다음 빈칸에 한자어의 독음을 쓰고, 한자어를 예쁘게 써 보세요.

| 數學 | | / | 數 | | + | 學 | |

(독음연습) 나는 **數學** 시간이 언제나 즐겁습니다.

數	學	數	學					

順 序 순서

| 順 | 순할 **순** | + | 序 | 차례 **서** | = | 順序 |

(암기비법) 순한[順] 차례[序]가 順序이다.

(사전풀이) 무슨 일을 행하거나 무슨 일이 이루어지는 차례.

❀ 다음 빈칸에 한자어의 독음을 쓰고, 한자어를 예쁘게 써 보세요.

| 順序 | | / | 順 | | + | 序 | |

(독음연습) 다음 동물들의 이름을 키가 큰 **順序**대로 써 보세요.

順	序	順	序					

1. 다음 ☐☐안에 알맞은 한자어를 <보기>에서 찾아 써 보세요.

보기	補充 順序 色漆 分類 使用 箱子 比較 數字 方法 數學

목 적 달 성	방 식 수 단	모 방 법 법			이 고
기 울 보 에	채 울 충 은	채 워 보 탬			이 며
나 눌 분 에	무 리 류 는	종 류 나 눔			이 고
견 줄 비 에	견 줄 교 는	견 준 다 는			이 며
부 릴 사 에	쓸 용 하 여	부 려 쓰 는			이 고
상 자 상 에	물 건 자 는	물 건 담 는			이 며
빛 색 에 다	옻 칠 하 여	빛 깔 칠 한			이 고
셈 수 에 다	글 자 자 는	수 의 글 자			이 며
셈 수 하 여	배 울 학 은	숫 자 학 문			이 고
순 할 순 에	차 례 서 는	선 후 나 열			이 다

2. 다음 한자어의 뜻을 써 보세요.

① 方法 ⬚

② 補充 ⬚

③ 分類 ⬚

④ 比較 ⬚

⑤ 使用 ⬚

⑥ 箱子 ⬚

⑦ 色漆 ⬚

⑧ 數字 ⬚

⑨ 數學 ⬚

⑩ 順序 ⬚

3. 다음 한자어의 독음을 쓰고, 예쁘게 한자로 써 보세요.

①	方法		方	法	方	法			
②	補充		補	充	補	充			
③	分類		分	類	分	類			
④	比較		比	較	比	較			
⑤	使用		使	用	使	用			
⑥	箱子		箱	子	箱	子			
⑦	色漆		色	漆	色	漆			
⑧	數字		數	字	數	字			
⑨	數學		數	學	數	學			
⑩	順序		順	序	順	序			

4. 다음 한자어에 독음과 알맞은 뜻을 바르게 연결하세요.

① 補充 •	• 사용 •	• 종류에 따라서 가름.
② 分類 •	• 숫자 •	• 물건을 쓰거나 사람을 부림.
③ 使用 •	• 보충 •	• 수를 나타내는 글자.
④ 色漆 •	• 분류 •	• 색깔이 나게 칠을 함.
⑤ 數字 •	• 색칠 •	• 부족한 것을 보태어 채움.

時刻 * 時間 * 約束 * 鉛筆 * 場所
點數 * 調査 * 體驗 * 解決 * 現場

📍 한글로 된 가사를 노래로 부르면 한자어의 뜻이 쉽게 이해돼요.

때 시 마 다	새 길 각 은	시 간 새 겨	시 각 이 고
때 시 에 다	사 이 간 은	때 의 사 이	시 간 이 며
맺 을 약 에	뮤 을 속 은	미 리 정 한	약 속 이 고
납 으 로 된	필 기 도 구	납 연 붓 필	연 필 이 며
마 당 장 에	곳 소 하 면	무 엇 하 는	장 소 이 고
성 적 매 겨	숫 자 표 현	점 점 셈 수	점 수 이 며
고 를 조 에	조 사 할 사	자 세 히 봄	조 사 이 고
몸 체 에 다	시 험 할 험	실 제 겪 음	체 험 이 며
플 해 에 다	터 질 결 은	결 말 지 음	해 결 이 고
나 타 날 현	마 당 장 은	현 재 있 는	현 장 이 다

📍 이제는 한자로 쓰인 한자어 가사도 쉽게 읽을 수 있어요~~^^

때 時 마 다	새 길 刻 은	時 間 새 겨	時 刻 이 고
때 時 에 다	사 이 間 은	때 의 사 이	時 間 이 며
맺 을 約 에	뮤 을 束 은	미 리 定 한	約 束 이 고
납 으 로 된	筆 記 道 具	납 鉛 붓 筆	鉛 筆 이 며
마 당 場 에	곳 所 하 면	무 엇 하 는	場 所 이 고
成 績 매 겨	數 字 表 現	點 點 셈 數	點 數 이 며
고 를 調 에	調 查 할 查	仔 細 히 봄	調 查 이 고
몸 體 에 다	試 驗 할 驗	實 際 겪 음	體 驗 이 며
플 解 에 다	터 질 決 은	結 末 지 음	解 決 이 고
나 타 날 現	마 당 場 은	現 在 있 는	現 場 이 다

時 刻 　시각

時 　때 시 ＋ 刻 　새길 각 ＝ 時刻

때[時]를 새기는[刻] 것이 時刻이다.

시간의 한 점.

❀ 다음 빈칸에 한자어의 독음을 쓰고, 한자어를 예쁘게 써 보세요.

時刻 　　　／ 時 　　　 ＋ 刻

현재 **時刻**은 오후 2시 30분입니다.

時	刻	時	刻						

時 間 　시간

時 　때 시 ＋ 間 　사이 간 ＝ 時間

때와 때[時]의 사이[間]가 時間이다.

어떤 시각에서 어떤 시각까지의 사이.

❀ 다음 빈칸에 한자어의 독음을 쓰고, 한자어를 예쁘게 써 보세요.

時間 　　　／ 時 　　　 ＋ 間

時間 가는 줄 모르고 누나와 이야기하고 있었다.

時	間	時	間						

約 束　약속

約 맺을 **약** + 束 묶을 **속** = 約束

맺어서[約] 풀리지 않게 묶는[束] 것이 約束이다.

다른 사람과 앞으로 할 일을 어떻게 할 것인가를 미리 정해 둠.

❀ 다음 빈칸에 한자어의 독음을 쓰고, 한자어를 예쁘게 써 보세요.

約束 [　] / 約 [　] + 束 [　]

저는 친구와 만나기로 **約束**을 하였습니다.

約	束	約	束						

鉛 筆　연필

鉛 납 **연** + 筆 붓 **필** = 鉛筆

납[鉛]으로 만든 붓[筆]이 鉛筆이다.

필기도구의 하나.

❀ 다음 빈칸에 한자어의 독음을 쓰고, 한자어를 예쁘게 써 보세요.

鉛筆 [　] / 鉛 [　] + 筆 [　]

내 필통 속에는 **鉛筆**이 3자루 들어 있습니다.

鉛	筆	鉛	筆						

場 所 장소

場 마당 장 + 所 곳 소 = 場所

마당[場]이 있는 곳[所]이 場所이다.

무엇이 있거나 무슨 일이 일어나는 곳.

❀ 다음 빈칸에 한자어의 독음을 쓰고, 한자어를 예쁘게 써 보세요.

場所 [ ] / 場 [ ] + 所 [ ]

친구가 저보고 약속한 場所로 오라고 문자를 보냈어요.

場	所	場	所				

點 數 점수

點 점 점 + 數 셈 수 = 點數

채점[點]을 매서 수[數]로 나타내는 것이 點數이다.

성적을 나타내는 숫자.

❀ 다음 빈칸에 한자어의 독음을 쓰고, 한자어를 예쁘게 써 보세요.

點數 [ ] / 點 [ ] + 數 [ ]

받아쓰기 시험에서 點數 90점을 받았습니다.

點	數	點	數				

調 查 조사

調 고를 조 + 查 조사할 사 = 調查

암기비법 고르게[調] 조사[查]해 보는 것이 調查이다.

사전풀이 사물의 내용을 자세히 살펴보거나 찾아봄.

❀ 다음 빈칸에 한자어의 독음을 쓰고, 한자어를 예쁘게 써 보세요.

調查 [　　] / 調 [　　] + 查 [　　]

독음연습 한복 옷 종류에는 어떤 것들이 있는지 **調查**해 봅시다.

調	査	調	査				

體 驗 체험

體 몸 체 + 驗 시험할 험 = 體驗

암기비법 몸소[體] 시험해[驗] 보는 것이 體驗이다.

사전풀이 자기가 몸소 겪음. 또는 그런 경험.

❀ 다음 빈칸에 한자어의 독음을 쓰고, 한자어를 예쁘게 써 보세요.

體驗 [　　] / 體 [　　] + 驗 [　　]

독음연습 우리는 식물원으로 내일 **體驗** 학습을 갑니다.

體	驗	體	驗				

解 決　해결

解　풀　해　+　決　터질　결　=　解決

풀어서[解] 터지게[決] 하는 것이 解決이다.

문제를 풀어서 결말을 지음.

❀ 다음 빈칸에 한자어의 독음을 쓰고, 한자어를 예쁘게 써 보세요.

解決　[　]　/　解　[　]　+　決　[　]

어려운 수학문제를 친구와 함께 **解決**하였습니다..

解	決	解	決						

現 場　현장

現　나타날　현　+　場　마당　장　=　現場

나타나는[現] 장소[場]가 現場이다.

사물이 현재 있는 곳.

❀ 다음 빈칸에 한자어의 독음을 쓰고, 한자어를 예쁘게 써 보세요.

現場　[　]　/　現　[　]　+　場　[　]

우리반은 내일 용인으로 **現場** 체험학습을 갑니다.

現	場	現	場						

1. 다음 ☐☐안에 알맞은 한자어를 <보기>에서 찾아 써 보세요.

보기	體驗 點數 時間 調査 約束 場所 解決 時刻 鉛筆 現場

때 시 마 다	새 길 각 은	시 간 새 겨		이 고
때 시 에 다	사 이 간 은	때 의 사 이		이 며
맺 을 약 에	묶 을 속 은	미 리 정 한		이 고
납 으 로 된	필 기 도 구	납 연 붓 필		이 며
마 당 장 에	곳 소 하 면	무 엇 하 는		이 고
성 적 매 겨	숫 자 표 현	점 점 셈 수		이 며
고 를 조 에	조 사 할 사	자 세 히 봄		이 고
몸 체 에 다	시 험 할 험	실 제 겪 음		이 며
풀 해 에 다	터 질 결 은	결 말 지 음		이 고
나 타 날 현	마 당 장 은	현 재 있 는		이 다

2. 다음 한자어의 뜻을 써 보세요.

① 時刻

② 時間

③ 約束

④ 鉛筆

⑤ 場所

⑥ 點數

⑦ 調査

⑧ 體驗

⑨ 解決

⑩ 現場

3. 다음 한자어의 독음을 쓰고, 예쁘게 한자로 써 보세요.

①	時刻		時	刻	時	刻		
②	時間		時	間	時	間		
③	約束		約	束	約	束		
④	鉛筆		鉛	筆	鉛	筆		
⑤	場所		場	所	場	所		
⑥	點數		點	數	點	數		
⑦	調査		調	査	調	査		
⑧	體驗		體	驗	體	驗		
⑨	解決		解	決	解	決		
⑩	現場		現	場	現	場		

4. 다음 한자어에 독음과 알맞은 뜻을 바르게 연결하세요.

① 時刻 • • 점수 • • 무엇이 있거나 무슨 일이 일어나는 곳.

② 場所 • • 해결 • • 시간의 한 점.

③ 點數 • • 장소 • • 자기가 몸소 겪음.

④ 體驗 • • 체험 • • 성적을 나타내는 숫자.

⑤ 解決 • • 시각 • • 문제를 풀어서 결말을 지음.

바른 생활

若告西適(약고서적)이어든 不復東往(불복동왕)하자

만약 (부모님께) 서쪽으로 간다고 아뢰고 갔으면,
돌이켜서 다른 방향인 동쪽으로 가지 말자. 《인성보감》

家族 * 姑母 * 關聯 * 技術 * 多文化
多樣 * 同生 * 名銜 * 文化 * 配慮

📍 한글로 된 가사를 노래로 부르면 한자어의 뜻이 쉽게 이해돼요.

집 가 에 다	겨 레 족 은	부 부 자 녀	가 족 이 고
고 모 고 에	어 머 니 모	아 빠 누 이	고 모 이 며
관 계 할 관	잇 달 련 은	서 로 얽 힌	관 련 이 고
재 주 기 에	꾀 술 하 니	재 주 와 꾀	기 술 이 며
많 을 다 에	글 월 문 과	될 화 하 면	다 문 화 고
많 을 다 에	모 양 양 은	여 러 모 양	다 양 이 며
한 가 지 동	날 생 이 니	나 이 적 은	동 생 이 고
이 름 명 에	재 갈 함 은	직 함 적 은	명 함 이 며
글 월 문 에	될 화 하 면	글 로 변 화	문 화 이 고
나 눌 배 에	생 각 할 려	마 음 써 준	배 려 이 다

📍 이제는 한자로 쓰인 한자어 가사도 쉽게 읽을 수 있어요~~^^

집 家 에 다	겨 레 族 은	夫 婦 子 女	家 族 이 고
姑 母 姑 에	어 머 니 母	아 빠 누 이	姑 母 이 며
關 係 할 關	잇 달 聯 은	서 로 얽 힌	關 聯 이 고
재 주 技 에	꾀 術 하 니	재 주 와 꾀	技 術 이 며
많 을 多 에	글 월 文 과	될 化 하 면	多 文 化 고
많 을 多 에	模 樣 樣 은	여 러 模 樣	多 樣 이 며
한 가 지 同	날 生 이 니	나 이 적 은	同 生 이 고
이 름 名 에	재 갈 銜 은	職 銜 적 은	名 銜 이 며
글 월 文 에	될 化 하 면	글 로 變 化	文 化 이 고
나 눌 配 에	생 각 할 慮	마 음 써 준	配 慮 이 다

家 族　가족

家　집　가　＋　族　겨레　족　＝　家族

집[家]에 함께 사는 겨레[族]가 家族이다.

주로 부부를 중심으로 한, 친족 관계에 있는 사람들의 집단.

❀ 다음 빈칸에 한자어의 독음을 쓰고, 한자어를 예쁘게 써 보세요.

家族 ⬚ / 家 ⬚ ＋ 族 ⬚

잃어버렸던 아이가 열흘 만에 **家族** 품으로 돌아왔다.

家	族	家	族					

姑 母　고모

姑　고모　고　＋　母　어머니　모　＝　姑母

고모[姑]가 어머니[母] 같은 姑母이다.

아버지의 누이.

❀ 다음 빈칸에 한자어의 독음을 쓰고, 한자어를 예쁘게 써 보세요.

姑母 ⬚ / 姑 ⬚ ＋ 母 ⬚

우리 **姑母**는 얼굴이 예쁘십니다.

姑	母	姑	母					

關 聯　관련

關 관계할 **관** + 聯 잇달 **련** = 關聯

빗장[關]처럼 잇달아[聯] 있음이 關聯이다.

둘 이상의 사람, 사물, 현상 따위가 서로 관계를 맺어 매여 있음.

❀ 다음 빈칸에 한자어의 독음을 쓰고, 한자어를 예쁘게 써 보세요.

| 關聯 | | / | 關 | | + | 聯 | |

그는 이번 일과 **關聯**이 있는 것 같다.

關	聯	關	聯						

技 術　기술

技 재주 **기** + 術 꾀 **술** = 技術

재주[技]와 꾀[術]가 技術이다.

물건을 만들거나 짓거나 하는 재주와 물건을 운영하는 재주.

❀ 다음 빈칸에 한자어의 독음을 쓰고, 한자어를 예쁘게 써 보세요.

| 技術 | | / | 技 | | + | 術 | |

제 사촌형은 자동차를 고치는 **技術**을 배웁니다.

技	術	技	術						

多文化 다문화

多 많을 **다** + 文 글월 **문** + 化 될 **화** = 多文化

(암기비법) 많은[多] 문화[文化]가 존재하는 것이 多文化이다.

(사전풀이) 한 사회 안에 여러 민족이나 여러 국가의 문화가 혼재하는 것을 이르는 말.

❀ 다음 빈칸에 한자어의 독음을 쓰고, 한자어를 예쁘게 써 보세요.

多文化 [ ] / 多 [ ] + 文 [ ] + 化 [ ]

(독음연습) 우리 반에도 **多文化**가족인 친구들이 있습니다.

多樣 다양

多 많을 **다** + 樣 모양 **양** = 多樣

(암기비법) 많은[多] 모양[樣]이 있어 多樣이다.

(사전풀이) 여러 가지 모양이나 양식이 많음.

❀ 다음 빈칸에 한자어의 독음을 쓰고, 한자어를 예쁘게 써 보세요.

多樣 [ ] / 多 [ ] + 樣 [ ]

(독음연습) 백화점에 가면 **多樣**한 물건들이 많습니다.

同 生　동생

同　한가지　동　+　生　날　생　=　同生

한 핏줄[同]을 받고 내 뒤에 태어났으니[生] 同生이다.

같은 항렬에서 나이가 자기보다 적은 사람.

❀ 다음 빈칸에 한자어의 독음을 쓰고, 한자어를 예쁘게 써 보세요.

同生		/	同		+	生	

독음연습 내 同生은 항상 자기 마음대로 하려고만 합니다.

同	生	同	生					

名 銜　명함

名　이름　명　+　銜　재갈　함　=　名銜

이름[名]과 직함[銜]을 적은 종이가 名銜이다.

성명, 주소, 신분, 전화번호 등을 적은 종이쪽.

❀ 다음 빈칸에 한자어의 독음을 쓰고, 한자어를 예쁘게 써 보세요.

名銜		/	名		+	銜	

독음연습 저에게도 아버지께서 名銜을 1장 주셨습니다.

名	銜	名	銜					

文 化　문화

| 文 | 글월 **문** | + | 化 | 될 **화** | = | 文化 |

🔵(암기비법) 글로써[文] 변화 되어[化] 가는 것이 文化이다.

🔵(사전풀이) 끊임없이 진보 향상하려는 사람들의 정신적 활동.

❀ 다음 빈칸에 한자어의 독음을 쓰고, 한자어를 예쁘게 써 보세요.

| 文化 | | / | 文 | | + | 化 | |

🔵(독음연습) 선생님께서 숙제로 전통**文化**에 대해 부모님께 여쭤보라고 하셨습니다.

| 文 | 化 | 文 | 化 | | | | | |

配 慮　배려

| 配 | 나눌 **배** | + | 慮 | 생각할 **려** | = | 配慮 |

🔵(암기비법) 짝[配]을 생각해주는[慮] 것이 配慮이다.

🔵(사전풀이) 도와주거나 보살펴 주려고 마음을 씀.

❀ 다음 빈칸에 한자어의 독음을 쓰고, 한자어를 예쁘게 써 보세요.

| 配慮 | | / | 配 | | + | 慮 | |

🔵(독음연습) **配慮**란 이웃을 서로 돕는 아름다운 모습입니다.

| 配 | 慮 | 配 | 慮 | | | | | |

1. 다음 ☐☐안에 알맞은 한자어를 <보기>에서 찾아 써 보세요.

보기	多樣 關聯 配慮 技術 多文化 名銜 家族 同生 姑母 文化

집 가 에 다	겨 레 족 은	부 부 자 녀		이 고
고 모 고 에	어 머 니 모	아 빠 누 이		이 며
관 계 할 관	잇 달 련 은	서 로 얽 힌		이 고
재 주 기 에	꾀 술 하 니	재 주 와 꾀		이 며
많 을 다 에	글 월 문 과	될 화 하 면		고
많 을 다 에	모 양 양 은	여 러 모 양		이 며
한 가 지 동	날 생 이 니	나 이 적 은		이 고
이 름 명 에	재 갈 함 은	직 함 적 은		이 며
글 월 문 에	될 화 하 면	글 로 변 화		이 고
나 눌 배 에	생 각 할 려	마 음 써 준		이 다

2. 다음 한자어의 뜻을 써 보세요.

① 家族

② 姑母

③ 關聯

④ 技術

⑤ 多文化

⑥ 多樣

⑦ 同生

⑧ 名銜

⑨ 文化

⑩ 配慮

3. 다음 한자어의 독음을 쓰고, 예쁘게 한자로 써 보세요.

①	家族		家	族	家	族		
②	姑母		姑	母	姑	母		
③	關聯		關	聯	關	聯		
④	技術		技	術	技	術		
⑤	多文化		多	文	化	多	文	化
⑥	多樣		多	樣	多	樣		
⑦	同生		同	生	同	生		
⑧	名銜		名	銜	名	銜		
⑨	文化		文	化	文	化		
⑩	配慮		配	慮	配	慮		

4. 다음 한자어에 독음과 알맞은 뜻을 바르게 연결하세요.

① 姑母 · 　　배 려 · 　　아버지의 누이.

② 多樣 · 　　동 생 · 　　성명, 주소, 신분, 전화번호 등을 적은 종이 쪽.

③ 名銜 · 　　명 함 · 　　도와주거나 보살펴 주려고 마음을 씀.

④ 同生 · 　　다 양 · 　　같은 항렬에서 나이가 자기보다 적은 사람.

⑤ 配慮 · 　　고 모 · 　　여러 가지 모양이나 양식이 많음.

病院 ＊ 部分 ＊ 事項 ＊ 三寸 ＊ 所重
演奏 ＊ 映畫 ＊ 姨母 ＊ 姨母夫 ＊ 人形

📍 한글로 된 가사를 노래로 부르면 한자어의 뜻이 쉽게 이해돼요.

병 들 병 에	집 원 하 면	병 고 치 는	병 원 이 고
거 느 릴 부	나 눌 분 은	나 눈 하 나	부 분 이 며
항 목 이 나	일 의 내 용	일 사 목 항	사 항 이 고
석 삼 에 다	마 디 촌 은	부 친 형 제	삼 촌 이 며
바 소 에 다	무 거 울 중	매 우 귀 중	소 중 하 고
펼 연 하 고	아 뢸 주 는	들 려 주 는	연 주 이 며
비 출 영 에	그 림 화 는	화 면 보 는	영 화 이 고
이 모 이 에	어 머 니 모	모 친 자 매	이 모 이 며
이 모 이 에	어 머 니 모	지 아 비 부	이 모 夫 고
사 람 인 에	모 양 형 은	사 람 모 양	인 형 이 다

📍 이제는 한자로 쓰인 한자어 가사도 쉽게 읽을 수 있어요~~^^

病 들 病 에	집 院 하 면	病 고 치 는	病 院 이 고
거 느 릴 部	나 눌 分 은	나 눈 하 나	部 分 이 며
項 目 이 나	일 의 內 容	일 事 목 項	事 項 이 고
석 三 에 다	마 디 寸 은	父 親 兄 弟	三 寸 이 며
바 所 에 다	무 거 울 重	매 우 貴 重	所 重 하 고
펼 演 하 고	아 뢸 奏 는	들 려 주 는	演 奏 이 며
비 출 映 에	그 림 畫 는	畫 面 보 는	映 畫 이 고
姨 母 姨 에	어 머 니 母	母 親 姉 妹	姨 母 이 며
姨 母 姨 에	어 머 니 母	지 아 비 夫	姨 母 夫 고
사 람 人 에	模 樣 形 은	사 람 模 樣	人 形 이 다

病 院　병원

| 病 | 병들 | 병 | + | 院 | 집 | 원 | = | 病院 |

병자[病]를 낫게 해주는 집[院]이 病院이다.

병자(病者)를 진찰, 치료하는 데에 필요한 설비를 갖추어 놓은 곳.

❀ 다음 빈칸에 한자어의 독음을 쓰고, 한자어를 예쁘게 써 보세요.

| 病院 | | / | 病 | | + | 院 | |

독음연습 독감이 걸려 **病院**에 가서 주사를 맞았다.

| 病 | 院 | 病 | 院 | | | | | | |

部 分　부분

| 部 | 거느릴 | 부 | + | 分 | 나눌 | 분 | = | 部分 |

몇 개의 부[部]로 나뉜[分] 것이 部分이다.

전체를 몇 개로 나눈 것의 하나.

❀ 다음 빈칸에 한자어의 독음을 쓰고, 한자어를 예쁘게 써 보세요.

| 部分 | | / | 部 | | + | 分 | |

독음연습 순희가 무슨 말을 하는지 알 수 없는 **部分**이 있어요.

| 部 | 分 | 部 | 分 | | | | | | |

事 項 사항

事 일 사 + 項 목 항 = 事項

일의[事] 항목[項]이 事項이다.

일의 항목이나 내용.

❀ 다음 빈칸에 한자어의 독음을 쓰고, 한자어를 예쁘게 써 보세요.

| 事項 | | / | 事 | | + | 項 | |

오늘 운동경기에서 지켜야 할 **事項**이 무엇이지요?

| 事 | 項 | 事 | 項 | | | | |

三 寸 삼촌

三 석 삼 + 寸 마디 촌 = 三寸

아버지의 세 번째[三] 촌수[寸]가 三寸이다.

아버지의 형제(형이나 동생).

❀ 다음 빈칸에 한자어의 독음을 쓰고, 한자어를 예쁘게 써 보세요.

| 三寸 | | / | 三 | | + | 寸 | |

순철이 **三寸**은 저에게 공부를 잘 가르쳐주십니다.

| 三 | 寸 | 三 | 寸 | | | | |

所 重　소중

所 바 소 + 重 무거울 중 = 所重

매우[所] 귀중한[重] 것이 所重한 것이다.

매우 귀중함.

❀ 다음 빈칸에 한자어의 독음을 쓰고, 한자어를 예쁘게 써 보세요.

| 所重 | | / | 所 | | + | 重 | |

자기 물건을 **所重**하게 여깁시다.

| 所 | 重 | 所 | 重 | | | | | | |

演 奏　연주

演 펼 연 + 奏 아뢸 주 = 演奏

음악을 펼쳐서[演] 아뢰이는[奏] 것이 演奏이다.

악기를 다루어 곡을 표현하거나 들려주는 일.

❀ 다음 빈칸에 한자어의 독음을 쓰고, 한자어를 예쁘게 써 보세요.

| 演奏 | | / | 演 | | + | 奏 | |

나는 피아노 **演奏**회에서 우수상을 받았습니다.

| 演 | 奏 | 演 | 奏 | | | | | | |

映畫 영화

映 비출 영 + 畫 그림 화 = 映畫

그림 화면[畫]으로 비추어[映] 보는 것이 映畫이다.

초대형 화면으로 보는 동영상.

❀ 다음 빈칸에 한자어의 독음을 쓰고, 한자어를 예쁘게 써 보세요.

映畫 [　] / 映 [　] + 畫 [　]

어머니와 극장에서 映畫를 보았습니다.

映	畫	映	畫						

姨母 이모

姨 이모 이 + 母 어머니 모 = 姨母

이모[姨]는 어머니[母] 같아서 姨母이다.

어머니의 자매(언니와 동생).

❀ 다음 빈칸에 한자어의 독음을 쓰고, 한자어를 예쁘게 써 보세요.

姨母 [　] / 姨 [　] + 母 [　]

우리 엄마와 姨母는 얼굴모습이 너무 닮았어요.

姨	母	姨	母						

姨母夫 이모부

姨 이모 이 + 母 어머니 모 + 夫 지아비 부 = 姨母夫

(암기비법) 이모[姨母]의 남편[夫]이 姨母夫이다.

(사전풀이) 이모의 남편.

❀ 다음 빈칸에 한자어의 독음을 쓰고, 한자어를 예쁘게 써 보세요.

姨母夫 [　　] / 姨 [　　] + 母 [　　] + 夫 [　　]

(독음연습) 저는 서울에 사시는 **姨母夫**가 좋아요.

姨	母	夫	姨	母	夫			

人 形 인형

人 사람 인 + 形 모양 형 = 人形

(암기비법) 사람[人] 모양[形] 같은 장안감이 人形이다.

(사전풀이) 사람의 모양으로 만든 장난감.

❀ 다음 빈칸에 한자어의 독음을 쓰고, 한자어를 예쁘게 써 보세요.

人形 [　　] / 人 [　　] + 形 [　　]

(독음연습) 제 동생은 침대에서 **人形**을 꼭 안고서 잠을 잡니다.

人	形	人	形					

1. 다음 ☐☐안에 알맞은 한자어를 <보기>에서 찾아 써 보세요.

보기

映畫 部分 所重 事項 姨母 病院 演奏 姨母夫 人形 三寸

병 들 병 에	집 원 하 면	병 고 치 는		이 고
거 느 릴 부	나 눌 분 은	나 눈 하 나		이 며
항 목 이 나	일 의 내 용	일 사 목 항		이 고
석 삼 에 다	마 디 촌 은	부 친 형 제		이 며
바 소 에 다	무 거 울 중	매 우 귀 중		하 고
펼 연 하 고	아 뢸 주 는	들 려 주 는		이 며
비 출 영 에	그 림 화 는	화 면 보 는		이 고
이 모 이 에	어 머 니 모	모 친 자 매		이 며
이 모 이 에	어 머 니 모	지 아 비 부		고
사 람 인 에	모 양 형 은	사 람 모 양		이 다

2. 다음 한자어의 뜻을 써 보세요.

① 病院

② 部分

③ 事項

④ 三寸

⑤ 所重

⑥ 演奏

⑦ 映畫

⑧ 姨母

⑨ 姨母夫

⑩ 人形

3. 다음 한자어의 독음을 쓰고, 예쁘게 한자로 써 보세요.

① 病院

② 部分

③ 事項

④ 三寸

⑤ 所重

⑥ 演奏

⑦ 映畵

⑧ 姨母

⑨ 姨母夫

⑩ 人形

4. 다음 한자어에 독음과 알맞은 뜻을 바르게 연결하세요.

① 部分 • • 소중 • • 일의 항목이나 내용.

② 事項 • • 부분 • • 초대형 화면으로 보는 동영상.

③ 所重 • • 인형 • • 전체를 몇 개로 나눈 것의 하나.

④ 映畵 • • 사항 • • 사람의 모양으로 만든 장난감.

⑤ 人形 • • 영화 • • 매우 귀중함.

📍 한글로 된 가사를 노래로 부르면 한자어의 뜻이 쉽게 이해돼요.

점 점 점 과	점 점 점 은	조 금 씩 이	점 점 이 고
두 루 주 에	가 변 이 면	어 떤 들 레	주 변 이 며
주 인 주 에	사 람 인 과	공 변 될 공	주 인 공 이
땅 지 공 구	마 을 촌 은	지 구 마 을	지 구 촌 과
다 스 릴 치	병 고 칠 료	병 을 낫 게	치 료 하 며
어 버 이 친	겨 레 척 은	친 족 외 척	친 척 이 고
찾 을 탐 에	찾 을 방 은	찾 아 가 는	탐 방 이 며
특 별 할 특	부 를 징 은	특 별 한 점	특 징 이 고
맏 형 하 고	아 우 제 는	형 과 아 우	형 제 이 며
부 를 호 에	일 컬 을 칭	이 름 부 른	호 칭 이 다

📍 이제는 한자로 쓰인 한자어 가사도 쉽게 읽을 수 있어요~~^^

漸 漸 漸 과	漸 漸 漸 은	조 금 씩 이	漸 漸 이 고
두 루 周 에	가 邊 이 면	어 떤 들 레	周 邊 이 며
主 人 主 에	사 람 人 과	公 辨 될 公	主 人 公 이
땅 地 공 球	마 을 村 은	地 球 마 을	地 球 村 과
다 스 릴 治	病 고 칠 療	病 을 낫 게	治 療 하 며
어 버 이 親	겨 레 戚 은	親 族 外 戚	親 戚 이 고
찾 을 探 에	찾 을 訪 은	찾 아 가 는	探 訪 이 며
特 別 할 特	부 를 徵 은	特 別 한 點	特 徵 이 고
맏 兄 하 고	아 우 弟 는	兄 과 아 우	兄 弟 이 며
부 를 呼 에	일 컬 을 稱	이 름 부 른	呼 稱 이 다

漸 漸　점점

漸　점점 **점** ＋ 漸　점점 **점** ＝ | 漸漸 |

점점[漸] 점점[漸] 더하거나 덜해지는 것이 漸漸이다.

조금씩 더하거나 덜해지는 모양.

❀ 다음 빈칸에 한자어의 독음을 쓰고, 한자어를 예쁘게 써 보세요.

| 漸漸 | | / | 漸 | | ＋ | 漸 | |

제 키가 **漸漸** 커가니까 너무 너무 좋아요.

| 漸 | 漸 | 漸 | 漸 | | | | | |

周 邊　주변

周　두루 **주** ＋ 邊　가 **변** ＝ | 周邊 |

어떤 것의 둘레[周]의 가[邊]가 周邊이다.

어떤 대상의 둘레.

❀ 다음 빈칸에 한자어의 독음을 쓰고, 한자어를 예쁘게 써 보세요.

| 周邊 | | / | 周 | | ＋ | 邊 | |

생활 **周邊**에서 늘 일어나는 일을 적어봅시다.

| 周 | 邊 | 周 | 邊 | | | | | |

主人公 주인공

主 주인 주 + 人 사람 인 + 公 공변될 공 = 主人公

주도적[主]으로 공적[公]인 일을 하는 사람[人]이 主人公이다.

어떤 일에서 주도적인 일을 하는 사람.

❀ 다음 빈칸에 한자어의 독음을 쓰고, 한자어를 예쁘게 써 보세요.

主人公 ☐ / 主 ☐ + 人 ☐ + 公 ☐

우리 학교의 主人公은 우리들입니다.

主	人	公	主	人	公			

地球村 지구촌

地 땅 지 + 球 공 구 + 村 마을 촌 = 地球村

지구[地球]가 우주 속에서는 한 마을[村]이라 해서 地球村이다.

지구전체를 한 마을처럼 여겨 이르는 말.

❀ 다음 빈칸에 한자어의 독음을 쓰고, 한자어를 예쁘게 써 보세요.

地球村 ☐ / 地 ☐ + 球 ☐ + 村 ☐

선생님께서 地球村에 대해 설명해주셨습니다.

地	球	村	地	球	村			

治療　치료

治 다스릴 **치** ＋ 療 병고칠 **료** ＝ 治療

병을 다스려서[治] 병을 고치는[療] 것이 治療이다.

병이나 상처를 다스려 낫게 함.

❀ 다음 빈칸에 한자어의 독음을 쓰고, 한자어를 예쁘게 써 보세요.

治療 [　] / 治 [　] ＋ 療 [　]

저는 이가 아파서 치과에서 이를 **治療**하였습니다.

治	療	治	療				

親戚　친척

親 어버이 **친** ＋ 戚 겨레 **척** ＝ 親戚

친족[親]과 외척[戚]이 親戚이다.

성이 다른 일가와 친족과 외척.

❀ 다음 빈칸에 한자어의 독음을 쓰고, 한자어를 예쁘게 써 보세요.

親戚 [　] / 親 [　] ＋ 戚 [　]

삼촌 결혼식에 우리 **親戚**들이 많이 모였어요.

親	戚	親	戚				

探 訪 　탐방

探 찾을 탐 + 訪 찾을 방 = 探訪

(암기비법) 무엇을 찾아내기[探] 위해서 찾아가는[訪] 것이 探訪이다.

(사전풀이) 어떤 사실을 찾아내기 위해서 찾아가는 것.

❀ 다음 빈칸에 한자어의 독음을 쓰고, 한자어를 예쁘게 써 보세요.

| 探訪 | | / | 探 | | + | 訪 | |

(독음연습) 경주 불국사를 **探訪**하여 신라의 문화에 대해 공부하였습니다.

探	訪	探	訪					

特 徵 　특징

特 특별할 특 + 徵 부를 징 = 特徵

(암기비법) 특별히[特] 부를 수[徵] 있는 것이 特徵이다.

(사전풀이) 다른 것에 비해서 특별히 눈에 띠는 것.

❀ 다음 빈칸에 한자어의 독음을 쓰고, 한자어를 예쁘게 써 보세요.

| 特徵 | | / | 特 | | + | 徵 | |

(독음연습) 물건의 **特徵**에 따라 쓰이는 곳도 다릅니다.

特	徵	特	徵					

兄 弟　형제

兄 맏 **형** + 弟 아우 **제** = 兄弟

형[兄]과 아우[弟]가 兄弟이다.

형과 아우를 아울러 이르는 말.

❀ 다음 빈칸에 한자어의 독음을 쓰고, 한자어를 예쁘게 써 보세요.

| 兄弟 | | / | 兄 | | + | 弟 | |

저는 5兄弟 중 막내입니다.

| 兄 | 弟 | 兄 | 弟 | | | | | | |

呼 稱　호칭

呼 부를 **호** + 稱 일컬을 **칭** = 呼稱

부르고[呼] 일컫는[稱] 것이 呼稱이다.

이름을 지어 부름.

❀ 다음 빈칸에 한자어의 독음을 쓰고, 한자어를 예쁘게 써 보세요.

| 呼稱 | | / | 呼 | | + | 稱 | |

오늘은 가족 간의 **呼稱**에 대해서 배웠습니다.

| 呼 | 稱 | 呼 | 稱 | | | | | | |

▶▶▶

1. 다음 □□안에 알맞은 한자어를 <보기>에서 찾아 써 보세요.

보기 漸漸 周邊 主人公 地球村 治療 親戚 探訪 特徵 兄弟 呼稱

점점점과	점점점은	조금씩이		이고
두루주에	가변이면	어떤둘레		이며
주인주에	사람인과	공변될공		이
땅지공구	마을촌은	지구마을		과
다스릴치	병고칠료	병을낫게		하며
어버이친	겨레척은	친족외척		이고
찾을탐에	찾을방은	찾아가는		이며
특별할특	부를징은	특별한점		이고
맏형하고	아우제는	형과아우		이며
부를호에	일컬을칭	이름부른		이다

2. 다음 한자어의 뜻을 써 보세요.

① 漸漸

② 周邊

③ 主人公

④ 地球村

⑤ 治療

⑥ 親戚

⑦ 探訪

⑧ 特徵

⑨ 兄弟

⑩ 呼稱

3. 다음 한자어의 독음을 쓰고, 예쁘게 한자로 써 보세요.

① 漸漸 [　　　] 漸 漸 漸 漸

② 周邊 [　　　] 周 邊 周 邊

③ 主人公 [　　　] 主 人 公 主 人 公

④ 地球村 [　　　] 地 球 村 地 球 村

⑤ 治療 [　　　] 治 療 治 療

⑥ 親戚 [　　　] 親 戚 親 戚

⑦ 探訪 [　　　] 探 訪 探 訪

⑧ 特徵 [　　　] 特 徵 特 徵

⑨ 兄弟 [　　　] 兄 弟 兄 弟

⑩ 呼稱 [　　　] 呼 稱 呼 稱

4. 다음 한자어에 독음과 알맞은 뜻을 바르게 연결하세요.

① 漸漸 • • 특징 • • 어떤 대상의 둘레.

② 周邊 • • 치료 • • 성이 다른 일가와 친족과 외척.

③ 治療 • • 점점 • • 다른 것에 비해서 특별히 눈에 띄는 것.

④ 親戚 • • 주변 • • 조금씩 더하거나 덜해지는 모양.

⑤ 特徵 • • 친척 • • 병이나 상처를 다스려 낫게 함.

슬기로운
생활

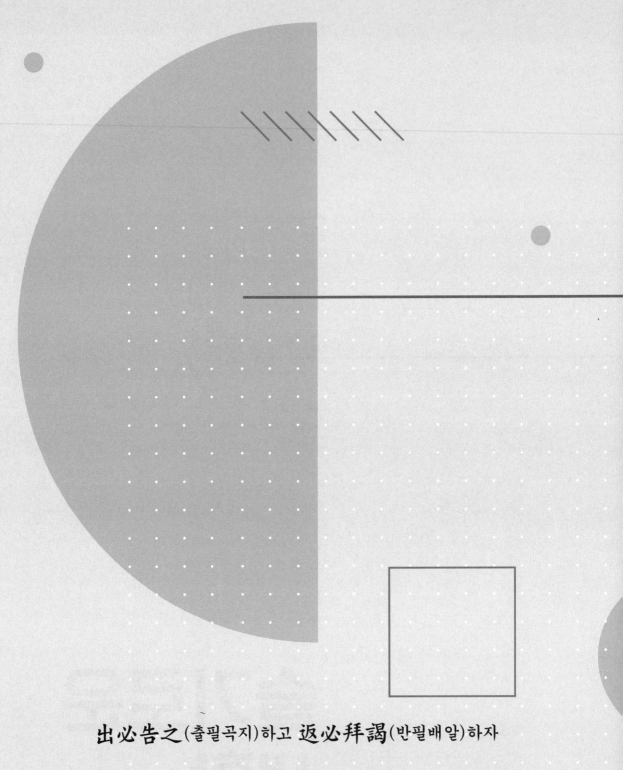

出必告之(출필곡지)하고 **返必拜謁**(반필배알)하자

밖에 나갈 때에는 반드시 (부모님께) 허락을 받고서 가야하고,
돌아와서는 반드시 (부모님께) 절을 하고 뵙도록 하자. 《인성보감》

健康 * 揭示板 * 計劃 * 昆蟲 * 綠色
模倣 * 發表 * 放學 * 寫眞 * 生活

한글로 된 가사를 노래로 부르면 한자어의 뜻이 쉽게 이해돼요.

굳셀건에	편안할강	튼 튼 하 다	건 강 이 고
들 게 하 여	보 일 시 에	널 빤 지 판	게 시 판 며
꾀 계 에 다	그 을 획 은	미 리 구 상	계 획 이 며
형 곤 하 고	벌 레 충 은	벌 레 속 칭	곤 충 이 고
푸 를 록 에	빛 색 이 니	청 황 중 간	녹 색 이 며
본 뜰 모 에	본 받 을 방	본 받 음 이	모 방 이 고
어 떤 사 실	알 리 는 것	필 발 겉 표	발 표 이 며
놓 을 방 에	배 울 학 은	자 유 공 부	방 학 이 고
베 낄 사 에	참 진 하 면	물 체 영 상	사 진 이 며
생 계 꾸 려	살 아 나 감	날 생 살 활	생 활 이 다

이제는 한자로 쓰인 한자어 가사도 쉽게 읽을 수 있어요~~^^

굳셀健에	便安할康	튼 튼 하 다	健 康 이 고
들 揭 하 여	보 일 示 에	널 빤 지 板	揭 示 板 며
꾀 計 에 다	그 을 劃 은	미 리 構 想	計 劃 이 며
兄 昆 하 고	벌 레 蟲 은	벌 레 俗 稱	昆 蟲 이 고
푸 를 綠 에	빛 色 이 니	靑 黃 中 間	綠 色 이 며
본 뜰 模 에	본 받 을 倣	본 받 음 이	模 倣 이 고
어 떤 事 實	알 리 는 것	필 發 걸 表	發 表 이 며
놓 을 放 에	배 울 學 은	自 由 工 夫	放 學 이 고
베 낄 寫 에	참 眞 하 면	物 體 影 像	寫 眞 이 며
生 計 꾸 려	살 아 나 감	날 生 살 活	生 活 이 다

健 康　건강

健 군셀　건 ＋ 康 편안할　강 ＝ [健康]

(암기비법) 군세고[健] 편안한[康] 것이 健康이다.

(사실풀이) 정신적·육체적으로 탈이 없고 튼튼함.

❀ 다음 빈칸에 한자어의 독음을 쓰고, 한자어를 예쁘게 써 보세요.

[健康] [ ] / [健] [ ] ＋ [康] [ ]

(독음연습) 아버지께서는 아침마다 **健康** 체조를 하십니다.

健	康	健	康					

揭示板　게시판

揭 들　게 ＋ 示 보일　시 ＋ 板 널빤지 **판** ＝ [揭示板]

(암기비법) 높이 들어[揭] 보이는[示] 알림 널빤지[板]가 揭示板이다.

(사실풀이) 여러 사람에게 알릴 내용을 내붙이거나 내걸어 두루 보게 붙이는 판.

❀ 다음 빈칸에 한자어의 독음을 쓰고, 한자어를 예쁘게 써 보세요.

[揭示板] [ ] / [揭] [ ] ＋[示] [ ] ＋[板] [ ]

(독음연습) 마을 회관 **揭示板**에서는 여러 가지 소식을 알려줍니다.

揭	示	板	揭	示	板			

計 劃 계획

計 꾀 계 + 劃 그을 획 = 計劃

꾀하여[計] 그어[劃] 놓은 것이 計劃이다.

앞으로 할 일의 절차, 방법, 규모 따위를 미리 헤아려 작정함.

✿ 다음 빈칸에 한자어의 독음을 쓰고, 한자어를 예쁘게 써 보세요.

計劃 [ ] / 計 [ ] + 劃 [ ]

아무런 **計劃**도 없이 여름 방학을 보내고 있었다.

計	劃	計	劃				

昆 蟲 곤충

昆 형 곤 + 蟲 벌레 충 = 昆蟲

모든[昆] 벌레[蟲]가 昆蟲이다.

벌레들의 속칭.

✿ 다음 빈칸에 한자어의 독음을 쓰고, 한자어를 예쁘게 써 보세요.

昆蟲 [ ] / 昆 [ ] + 蟲 [ ]

여름철에는 여러 가지 **昆蟲**을 볼 수 있어서 좋아요.

昆	蟲	昆	蟲				

綠 色　　녹색

綠 푸를 **록** + 色 빛 **색** = 綠色

푸른[綠] 빛[色]이 綠色이다.

파란색과 노란색의 중간.

❀ 다음 빈칸에 한자어의 독음을 쓰고, 한자어를 예쁘게 써 보세요.

| 綠色 | | / | 綠 | | + | 色 | |

여름철에는 풀과 나뭇잎이 **綠色**으로 물들어요.

| 綠 | 色 | 綠 | 色 | | | | | | |

模 倣　　모방

模 본뜰 **모** + 倣 본받을 **방** = 模倣

본뜨거나[模] 본받는[倣] 것이 模倣이다.

본뜨거나 본받음.

❀ 다음 빈칸에 한자어의 독음을 쓰고, 한자어를 예쁘게 써 보세요.

| 模倣 | | / | 模 | | + | 倣 | |

친구의 그림을 **模倣**하여 그려봅시다.

| 模 | 倣 | 模 | 倣 | | | | | | |

發 表 　발표

發 필 **발** + 表 겉 **표** = 發表

겉으로[表] 드러나게[發] 하는 것이 發表이다.

어떤 사실이나 생각, 결과를 드러내어 알리는 것.

❀ 다음 빈칸에 한자어의 독음을 쓰고, 한자어를 예쁘게 써 보세요.

| 發表 | | / | 發 | | + | 表 | |

영수는 국어시간에 똑똑하게 **發表**를 잘 합니다.

| 發 | 表 | 發 | 表 | | | | | | |

放 學 　방학

放 놓을 **방** + 學 배울 **학** = 放學

학교에서 놓아[放] 각자 배우게[學] 하는 것이 放學이다.

학교에서 학기가 끝나고 수업을 일정기간 쉬는 것.

❀ 다음 빈칸에 한자어의 독음을 쓰고, 한자어를 예쁘게 써 보세요.

| 放學 | | / | 放 | | + | 學 | |

신나는 여름**放學**이 다가왔습니다.

| 放 | 學 | 放 | 學 | | | | | | |

寫眞 사진

寫 베낄 **사** + 眞 참 **진** = 寫眞

베껴[寫] 놓은 참[眞] 모습이 寫眞이다.

물체의 형상을 찍어 오랫동안 보존할 수 있게 만든 영상.

❀ 다음 빈칸에 한자어의 독음을 쓰고, 한자어를 예쁘게 써 보세요.

寫眞 ☐ / 寫 ☐ + 眞 ☐

독음연습 실물보다 **寫眞**이 더 잘 나왔다.

寫	眞	寫	眞					

生活 생활

生 날 **생** + 活 살 **활** = 生活

태어나[生] 살아가는[活] 것이 生活이다.

사람이나 동물이 일정한 환경에서 활동하며 살아감.

❀ 다음 빈칸에 한자어의 독음을 쓰고, 한자어를 예쁘게 써 보세요.

生活 ☐ / 生 ☐ + 活 ☐

독음연습 여름 방학에는 더욱 규칙적인 **生活**을 하기로 결심하였다.

生	活	生	活					

1. 다음 ☐☐안에 알맞은 한자어를 <보기>에서 찾아 써 보세요.

보기	放學 揭示板 生活 計劃 綠色 健康 模倣 發表 昆蟲 寫眞

굳 셀 건 에	편 안 할 강	튼 튼 하 다		이 고
들 게 하 여	보 일 시 에	널 빤 지 판		이
꾀 계 에 다	그 을 획 은	미 리 구 상		이 며
형 곤 하 고	벌 레 충 은	벌 레 속 칭		이 고
푸 를 록 에	빛 색 이 니	청 황 중 간		이 며
본 뜰 모 에	본 받 을 방	본 받 음 이		이 고
어 떤 사 실	알 리 는 것	필 발 겉 표		이 며
놓 을 방 에	배 울 학 은	자 유 공 부		이 고
베 낄 사 에	참 진 하 면	물 체 영 상		이 며
생 계 꾸 려	살 아 나 감	날 생 살 활		이 다

2. 다음 한자어의 뜻을 써 보세요.

① 健康   ⑥ 模倣

② 揭示板   ⑦ 發表

③ 計劃   ⑧ 放學

④ 昆蟲   ⑨ 寫眞

⑤ 綠色   ⑩ 生活

3. 다음 한자어의 독음을 쓰고, 예쁘게 한자로 써 보세요.

① 健康 | | 健 康 健 康 | | |
② 揭示板 | | 揭 示 板 揭 示 板
③ 計劃 | | 計 劃 計 劃
④ 昆蟲 | | 昆 蟲 昆 蟲
⑤ 綠色 | | 綠 色 綠 色
⑥ 模倣 | | 模 倣 模 倣
⑦ 發表 | | 發 表 發 表
⑧ 放學 | | 放 學 放 學
⑨ 寫眞 | | 寫 眞 寫 眞
⑩ 生活 | | 生 活 生 活

4. 다음 한자어에 독음과 알맞은 뜻을 바르게 연결하세요.

① 健康 • • 녹색 • • 정신적, 육체적으로 탈이 없고 튼튼함.

② 昆蟲 • • 모방 • • 벌레들의 속칭.

③ 綠色 • • 방학 • • 파란색과 노란색의 중간.

④ 模倣 • • 건강 • • 본뜨거나 본받음.

⑤ 放學 • • 곤충 • • 학교에서 학기가 끝나고 수업을 일정기 간 쉬는 것.

植物 ＊ 實踐 ＊ 安全 ＊ 豫防 ＊ 豫報
牛乳 ＊ 運動會 ＊ 類型 ＊ 飮食 ＊ 音樂

📍한글로 된 가사를 노래로 부르면 한자어의 뜻이 쉽게 이해돼요.

심 을 식 에	물 건 물 은	동 물 구 별	식 물 이 고
열 매 실 에	밟 을 천 은	실 제 행 함	실 천 이 며
편 안 할 안	온 전 할 전	편 안 온 전	안 전 이 고
미 리 예 에	막 을 방 은	미 리 막 음	예 방 이 며
미 리 예 에	알 릴 보 는	미 리 알 림	예 보 이 고
소 나 양 의	젖 을 가 공	소 우 젖 유	우 유 이 며
음 직 일 운	음 직 일 동	모 일 회 는	운 동 회 고
무 리 류 에	거 푸 집 형	무 리 의 틀	유 형 이 며
마 실 음 에	먹 을 식 은	먹 고 마 신	음 식 이 고
소 리 음 에	풍 류 악 은	소 리 예 술	음 악 이 다

📍이제는 한자로 쓰인 한자어 가사도 쉽게 읽을 수 있어요~~^^

심 을 植 에	物 件 物 은	動 物 區 別	植 物 이 고
열 매 實 에	밟 을 踐 은	實 際 行 함	實 踐 이 며
便 安 할 安	穩 全 할 全	便 安 穩 全	安 全 이 고
미 리 豫 에	막 을 防 은	미 리 막 음	豫 防 이 며
미 리 豫 에	알 릴 報 는	미 리 알 림	豫 報 이 고
소 나 양 의	젖 을 가 공	소 牛 젖 乳	牛 乳 이 며
음 직 일 運	음 직 일 動	모 일 會 는	運 動 會 고
무 리 類 에	거 푸 집 型	무 리 의 틀	類 型 이 며
마 실 飮 에	먹 을 食 은	먹 고 마 신	飮 食 이 고
소 리 飮 에	風 流 樂 은	소 리 藝 術	音 樂 이 다

植 物　식물

植　심을　식　+　物　물건　물　=　植物

[암기비법] 심겨져서[植] 살아가는 생물[物]이 植物이다.

[사전풀이] 생물계의 두 갈래 가운데 하나.

❀ 다음 빈칸에 한자어의 독음을 쓰고, 한자어를 예쁘게 써 보세요.

植物 ☐　/　植 ☐　+　物 ☐

[독음연습] 자연보호를 위해 방학 숙제 중에 **植物** 채집이 금지되었다.

植	物	植	物				

實 踐　실천

實　열매　실　+　踐　밟을　천　=　實踐

[암기비법] 실제로[實] 밟아나가는[踐] 것이 實踐이다.

[사전풀이] 생각한 바를 실제로 행함.

❀ 다음 빈칸에 한자어의 독음을 쓰고, 한자어를 예쁘게 써 보세요.

實踐 ☐　/　實 ☐　+　踐 ☐

[독음연습] 나는 이번 여름 방학 때 시간표대로 **實踐**하기로 결심하였다.

實	踐	實	踐				

安 全 　안전

安 편안할 **안** + 全 온전할 **전** = 安全

편안하고[安] 온전한[全] 것이 安全이다.

위험이 생기거나 사고가 날 염려가 없음.

❀ 다음 빈칸에 한자어의 독음을 쓰고, 한자어를 예쁘게 써 보세요.

安全 [　] / 安 [　] + 全 [　]

安全한 등하교를 위해 학부모들이 봉사를 합니다.

安	全	安	全					

豫 防 　예방

豫 미리 **예** + 防 막을 **방** = 豫防

미리[豫] 막는[防] 것이 豫防이다.

무슨 일이나 탈이 일어나기 전에 미리 막음.

❀ 다음 빈칸에 한자어의 독음을 쓰고, 한자어를 예쁘게 써 보세요.

豫防 [　] / 豫 [　] + 防 [　]

몸이 아프기 전에 豫防 주사를 맞아야 합니다.

豫	防	豫	防					

豫報　예보

豫　미리　예　+　報　알릴　보　=　豫報

🔵 미리[豫] 알려주는[報] 것이 豫報이다.

🔵 앞일을 미리 알림.

❀ 다음 빈칸에 한자어의 독음을 쓰고, 한자어를 예쁘게 써 보세요.

豫報　[　　] / 豫　[　　] + 報　[　　]

🔵 독음연습　일기 豫報에 내일은 비가 온데요.

豫	報	豫	報						

牛乳　우유

牛　소　우　+　乳　젖　유　=　牛乳

🔵 소[牛]의 젖[乳]이 牛乳이다.

🔵 소나 양의 젖.

❀ 다음 빈칸에 한자어의 독음을 쓰고, 한자어를 예쁘게 써 보세요.

牛乳　[　　] / 牛　[　　] + 乳　[　　]

🔵 독음연습　저는 아침마다 牛乳를 한 컵씩 마십니다.

牛	乳	牛	乳						

運動會 운동회

運 움직일 운 + 動 움직일 동 + 會 모일 회 = 運動會

運動[運動]을 하려고 모이는[會]것이 [運動會]이다.

여러 사람이 모여 여러 가지 운동 경기를 하는 모임.

❀ 다음 빈칸에 한자어의 독음을 쓰고, 한자어를 예쁘게 써 보세요.

運動會 [　] / 運 [　] + 動 [　] + 會 [　]

내일은 우리 학교 가을 **運動會**가 열리는 날입니다.

運	動	會	運	動	會				

類 型 유형

類 무리 류 + 型 거푸집 형 = 類型

무리[類]를 묶어 놓은 하나의 틀[型]이 類型이다.

성질이나 특징 따위가 공통적인 것끼리 묶은 하나의 틀.

❀ 다음 빈칸에 한자어의 독음을 쓰고, 한자어를 예쁘게 써 보세요.

類型 [　] / 類 [　] + 型 [　]

사람을 세 가지 **類型**으로 나눌 수 있다는 말을 들었다.

類	型	類	型						

飲 食　음식

飲 마실 음 ＋ 食 먹을 식 ＝ 飲食

마시고[飲] 먹는[食] 것이 飲食이다.

사람이 먹을 수 있도록 만든, 밥이나 국 따위의 물건.

❀ 다음 빈칸에 한자어의 독음을 쓰고, 한자어를 예쁘게 써 보세요.

飲食 [　] / 飲 [　] ＋ 食 [　]

우리는 飲食을 남기지 않고 다 먹었다.

飲	食	飲	食				

音 樂　음악

音 소리 음 ＋ 樂 풍류 악 ＝ 音樂

소리[音]나 악기[樂]를 통하여 나타내는 것이 音樂이다.

목소리나 악기를 통하여 감정을 나타내는 예술.

❀ 다음 빈칸에 한자어의 독음을 쓰고, 한자어를 예쁘게 써 보세요.

音樂 [　] / 音 [　] ＋ 樂 [　]

저는 音樂을 좋아 하는데 노래는 잘 부르지 못합니다.

音	樂	音	樂				

1. 다음 □□안에 알맞은 한자어를 <보기>에서 찾아 써 보세요.

보기	類型 實踐 安全 牛乳 植物 運動會 飲食 豫防 音樂 豫報

심 을 식 에	물 건 물 은	동 물 구 별		이 고
열 매 실 에	밟 을 천 은	실 제 행 함		이 며
편 안 할 안	온 전 할 전	편 안 온 전		이 고
미 리 예 에	막 을 방 은	미 리 막 음		이 며
미 리 예 에	알 릴 보 는	미 리 알 림		이 고
소 나 양 의	젖 을 가 공	소 우 젖 유		이 며
움 직 일 운	움 직 일 동	모 일 회 는		고
무 리 류 에	거 푸 집 형	무 리 의 틀		이 며
마 실 음 에	먹 을 식 은	먹 고 마 신		이 고
소 리 음 에	풍 류 악 은	소 리 예 술		이 다

2. 다음 한자어의 뜻을 써 보세요.

① 植物

② 實踐

③ 安全

④ 豫防

⑤ 豫報

⑥ 牛乳

⑦ 運動會

⑧ 類型

⑨ 飲食

⑩ 音樂

3. 다음 한자어의 독음을 쓰고, 예쁘게 한자로 써 보세요.

①	植物		植	物	植	物	
②	實踐		實	踐	實	踐	
③	安全		安	全	安	全	
④	豫防		豫	防	豫	防	
⑤	豫報		豫	報	豫	報	
⑥	牛乳		牛	乳	牛	乳	
⑦	運動會		運	動	會	運	動	會
⑧	類型		類	型	類	型	
⑨	飮食		飮	食	飮	食	
⑩	音樂		音	樂	音	樂	

4. 다음 한자어에 독음과 알맞은 뜻을 바르게 연결하세요.

① 安全 · · 음악 · · 생각한 바를 실제로 행함.

② 豫報 · · 예방 · · 무슨 일이나 탈이 일어나기 전에 미리 막음.

③ 音樂 · · 안전 · · 앞일을 미리 알림.

④ 實踐 · · 음악 · · 위험이 생기거나 사고가 날 염려가 없음.

⑤ 豫防 · · 실천 · · 목소리나 악기를 통하여 감정을 나타내는 예술.

📍 한글로 된 가사를 노래로 부르면 한자어의 뜻이 쉽게 이해돼요.

응 할 응 에	도 울 원 은	사 기 돋 운	응 원 이 고
지 을 작 에	굽 을 곡 은	가 락 붙 인	작 곡 이 며
지 을 작 에	말 씀 사 는	가 사 지 은	작 사 이 고
주 인 주 에	표 제 제 는	중 심 제 목	주 제 이 며
수 준 기 준	갖 출 비 는	미 리 갖 춘	준 비 이 고
버 금 차 에	때 시 하 면	반 복 시 간	차 시 이 며
나 물 채 에	푸 성 귀 소	밭 서 가 꾼	채 소 이 고
찾 을 탐 에	구 할 구 는	찾 아 구 함	탐 구 이 며
바 람 풍 에	별 경 하 니	자 연 경 치	풍 경 이 고
누 를 황 에	모 래 사 는	황 토 모 래	황 사 이 다

📍 이제는 한자로 쓰인 한자어 가사도 쉽게 읽을 수 있어요~~^^

應 할 應 에	도 울 援 은	士 氣 돋 운	應 援 이 고
지 을 作 에	굽 을 曲 은	가 락 붙 인	作 曲 이 며
지 을 作 에	말 씀 詞 는	歌 詞 지 은	作 詞 이 고
主 人 主 에	表 題 題 는	中 心 題 目	主 題 이 며
水 準 器 準	갖 출 備 는	미 리 갖 춘	準 備 이 고
버 금 次 에	때 時 하 면	反 復 時 間	次 時 이 며
나 물 菜 에	푸 성 귀 蔬	밭 서 가 꾼	菜 蔬 이 고
찾 을 探 에	求 할 求 는	찾 아 求 함	探 求 이 며
바 람 風 에	별 景 하 니	自 然 景 致	風 景 이 고
누 를 黃 에	모 래 砂 는	黃 土 모 래	黃 砂 이 다

應 援 응원

應 응할 응 + 援 도울 원 = 應援

응하여[應] 도와주는[援] 것이 應援이다.

운동경기 등에서 선수들의 힘을 북돋우는 일.

❀ 다음 빈칸에 한자어의 독음을 쓰고, 한자어를 예쁘게 써 보세요.

應援 [　] / 應 [　] + 援 [　]

축구경기를 보면서 우리나라 선수들에게 신나게 **應援**을 하였습니다.

應	援	應	援					

作 曲 작곡

作 지을 작 + 曲 굽을 곡 = 作曲

가락[曲]을 붙여 짓는[作] 것이 作曲이다.

시나 가사에 가락을 붙이는 일.

❀ 다음 빈칸에 한자어의 독음을 쓰고, 한자어를 예쁘게 써 보세요.

作曲 [　] / 作 [　] + 曲 [　]

아버지는 음악 **作曲**가이십니다.

作	曲	作	曲					

作 詞 작사

作 지을 **작** + 詞 말씀 **사** = 作詞

(암기비법) 노래 가사[詞]를 짓는[作] 것이 作詞이다.

(어원풀이) 노래 가사를 지음.

❀ 다음 빈칸에 한자어의 독음을 쓰고, 한자어를 예쁘게 써 보세요.

| 作詞 | | / | 作 | | + | 詞 | |

(독음연습) 애국가는 누가 **作詞**하였을까요?

作	詞	作	詞						

主 題 주제

主 주인 **주** + 題 표제 **제** = 主題

(암기비법) 주된[主] 표제[題]가 主題이다.

(어원풀이) 대화나 연구 등에서 중심이 되는 제목.

❀ 다음 빈칸에 한자어의 독음을 쓰고, 한자어를 예쁘게 써 보세요.

| 主題 | | / | 主 | | + | 題 | |

(독음연습) '흥부와 놀부'의 중요한 **主題**는 무엇일까요?

主	題	主	題						

準 備　준비

準 수준기 **준** ＋ 備 갖출 **비** ＝ 準備

마련해[準] 갖추는[備] 것이 準備이다.

미리 마련해 갖춤.

❀ 다음 빈칸에 한자어의 독음을 쓰고, 한자어를 예쁘게 써 보세요.

準備 ☐ / 準 ☐ ＋ 備 ☐

무늬 꾸미기 학습에서 **準備**할 자료는 무엇일까?

準	備	準	備				

次 時　차시

次 버금 **차** ＋ 時 때 **시** ＝ 此時

버금[次] 시간[時]이 次時이다.

한 단원의 내용을 여러 차시로 나누는 것.

❀ 다음 빈칸에 한자어의 독음을 쓰고, 한자어를 예쁘게 써 보세요.

次時 ☐ / 次 ☐ ＋ 時 ☐

국어 2**次時** 학습은 받아쓰기 공부를 하기로 하였습니다.

次	時	次	時				

菜 蔬　채소

菜 나물 채 ＋ 蔬 푸성귀 소 ＝ 菜蔬

나물[菜]이나 푸성귀[蔬]가 菜蔬이다.

밭에서 가꾸는 온갖 푸성귀.

✿ 다음 빈칸에 한자어의 독음을 쓰고, 한자어를 예쁘게 써 보세요.

菜蔬 [　　] ／ 菜 [　　] ＋ 蔬 [　　]

菜蔬로 만든 반찬을 먹어야 우리 몸이 건강합니다.

菜	蔬	菜	蔬				

探 求　탐구

探 찾을 탐 ＋ 求 구할 구 ＝ 探求

찾아[探]내거나 구하는[求] 것이 探求이다.

필요한 것을 조사하여 찾아내거나 얻어 냄.

✿ 다음 빈칸에 한자어의 독음을 쓰고, 한자어를 예쁘게 써 보세요.

探求 [　　] ／ 探 [　　] ＋ 求 [　　]

나는 방학을 하자마자 **探求**생활 숙제를 다해놓았다.

探	求	探	求				

風 景　풍경

風　바람　풍　＋　景　별　경　＝　風景

바람[風]부는 경치[景]가 風景이다.

산이나 들, 강, 바다 따위의 자연이나 지역의 모습.

❀ 다음 빈칸에 한자어의 독음을 쓰고, 한자어를 예쁘게 써 보세요.

風景　　　　／　風　　　　＋　景

독음
연습　단풍이 든 가을 風景은 매우 아름답습니다.

風	景	風	景						

黃 砂　황사

黃　누를　황　＋　砂　모래　사　＝　黃砂

황토[黃] 모래[砂]가 黃砂이다.

중국 대륙의 사막이나 황토 지대에 있는 가는 모래.

❀ 다음 빈칸에 한자어의 독음을 쓰고, 한자어를 예쁘게 써 보세요.

黃砂　　　　／　黃　　　　＋　砂

독음
연습　중국에서 黃砂가 날아온다고 방송을 합니다.

黃	砂	黃	砂						

1. 다음 ☐☐안에 알맞은 한자어를 <보기>에서 찾아 써 보세요.

보기
應援 作曲 作詞 主題 準備 次時 菜蔬 探求 風景 黃砂

응 할 응 에	도 울 원 은	사 기 돋 운		이 고
지 을 작 에	굽 을 곡 은	가 락 붙 인		이 며
지 을 작 에	말 씀 사 는	가 사 지 은		이 고
주 인 주 에	표 제 제 는	중 심 제 목		이 며
수 준 기 준	갖 출 비 는	미 리 갖 춘		이 고
버 금 차 에	때 시 하 면	반 복 시 간		이 며
나 물 채 에	푸 성 귀 소	밭 서 가 꾼		이 고
찾 을 탐 에	구 할 구 는	찾 아 구 함		이 며
바 람 풍 에	볕 경 하 니	자 연 경 치		이 고
누 를 황 에	모 래 사 는	황 토 모 래		이 다

2. 다음 한자어의 뜻을 써 보세요.

① 應援

② 作曲

③ 作詞

④ 主題

⑤ 準備

⑥ 次時

⑦ 菜蔬

⑧ 探求

⑨ 風景

⑩ 黃砂

다시 한번 해 봐요 02

3. 다음 한자어의 독음을 쓰고, 예쁘게 한자로 써 보세요.

①	應援		應 援 應 援
②	作曲		作 曲 作 曲
③	作詞		作 詞 作 詞
④	主題		主 題 主 題
⑤	準備		準 備 準 備
⑥	次時		次 時 次 時
⑦	菜蔬		菜 蔬 菜 蔬
⑧	探求		探 求 探 求
⑨	風景		風 景 風 景
⑩	黃砂		黃 砂 黃 砂

4. 다음 한자어에 독음과 알맞은 뜻을 바르게 연결하세요.

① 應援 • • 작곡 • • 시나 가사에 가락을 붙이는 일.

② 作曲 • • 준비 • • 대화나 연구 등에서 중심이 되는 제목.

③ 主題 • • 응원 • • 밭에서 가꾸는 온갖 푸성귀.

④ 準備 • • 채소 • • 운동경기 등에서 선수들의 힘을 북돋우는 일.

⑤ 菜蔬 • • 주제 • • 미리 마련하여 갖춤.

즐거운
생활

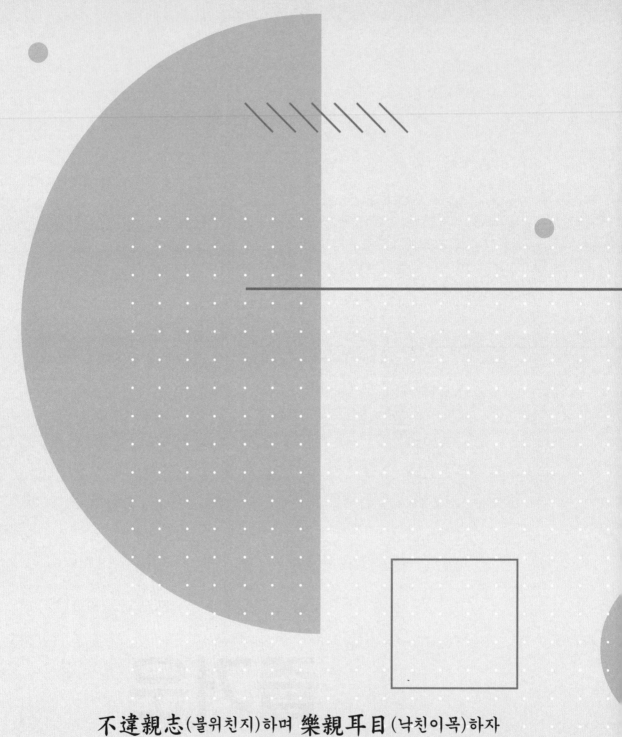

不違親志(불위친지)하며 **樂親耳目**(낙친이목)하자

어버이의 뜻을 어기지 아니하며,
어버이의 귀와 눈을 즐겁게 해 드리자. 《인성보감》

競技 * 區分 * 文具店 * 北韓 * 飛行機
辭典 * 想像 * 世界 * 施設物 * 施行

📍 한글로 된 가사를 노래로 부르면 한자어의 뜻이 쉽게 이해돼요.

다 틀 경 에	재 주 기 는	재 주 겨 룬	경 기 이 고
지 경 구 에	나 눌 분 은	지 경 나 눔	구 분 이 며
글 월 문 의	갖 출 구 에	가 게 점 은	문 구 점 과
북 녘 북 에	한 국 한 은	한 국 북 쪽	북 한 이 며
날 비 갈 행	베 틀 기 는	공 중 나 는	비 행 기 고
날 말 배 열	해 설 한 책	말 사 법 전	사 전 이 며
생 각 상 에	모 양 상 은	미 리 생 각	상 상 이 고
세 상 세 에	지 경 계 는	모 든 나 라	세 계 이 며
베 풀 시 와	베 풀 설 에	물 건 물 은	시 설 물 이
베 풀 시 에	행 할 행 은	실 제 행 함	시 행 이 다

📍 이제는 한자로 쓰인 한자어 가사도 쉽게 읽을 수 있어요~~^^

다 틀 競 에	재 주 技 는	재 주 겨 룬	競 技 이 고
地 境 區 에	나 눌 分 은	地 境 나 눔	區 分 이 며
글 월 文 의	갖 출 具 에	가 게 店 은	文 具 店 과
北 녘 北 에	韓 國 韓 은	韓 國 北 쪽	北 韓 이 며
날 飛 갈 行	베 틀 機 는	空 中 나 는	飛 行 機 고
날 말 配 列	解 說 한 冊	말 辭 法 典	辭 典 이 며
생 각 想 에	模 樣 像 은	미 리 생 각	想 像 이 고
世 上 世 에	地 境 界 는	모 든 나 라	世 界 이 며
베 풀 施 와	베 풀 設 에	物 件 物 은	施 設 物 이
베 풀 施 에	行 할 行 은	實 際 行 함	施 行 이 다

競技 경기

競 다툴 경 + 技 재주 기 = 競技

재주[技] 다투는[競] 것이 競技이다.

일정한 규칙 아래 기량과 기술을 겨루는 일.

✿ 다음 빈칸에 한자어의 독음을 쓰고, 한자어를 예쁘게 써 보세요.

競技 [ ] / 競 [ ] + 技 [ ]

축구 競技에서 우리 반이 이겼습니다.

競	技	競	技						

區分 구분

區 지경 구 + 分 나눌 분 = 區分

지경[區]을 나누는[分] 것이 區分이다.

일정한 기준에 따라 전체를 몇 개로 갈라 나눔.

✿ 다음 빈칸에 한자어의 독음을 쓰고, 한자어를 예쁘게 써 보세요.

區分 [ ] / 區 [ ] + 分 [ ]

새 것과 헌 것을 區分해서 정리해 놓아라.

區	分	區	分						

文具店 문구점

文 글월 문 + 具 갖출 구 + 店 가게 점 = 文具店

문구[文具]를 파는 가게[店]가 文具店이다.

학용품과 사무용품 따위를 파는 곳.

❀ 다음 빈칸에 한자어의 독음을 쓰고, 한자어를 예쁘게 써 보세요.

文具店 [   ] / 文 [   ] + 具 [   ] + 店 [   ]

나는 등굣길에 **文具店**에 가서 연필과 필통을 샀다.

文	具	店	文	具	店				

北 韓 북한

北 북녘 북 + 韓 한국 한 = 北韓

한국[韓]의 북쪽[北]이 北韓이다.

남북으로 분단된 대한민국의 휴전선 북쪽 지역을 가리키는 말.

❀ 다음 빈칸에 한자어의 독음을 쓰고, 한자어를 예쁘게 써 보세요.

北韓 [   ] / 北 [   ] + 韓 [   ]

北韓은 자유가 없는 공산국가입니다.

北	韓	北	韓						

飛行機　비행기

飛 날 비 + 行 갈 행 + 機 베틀 기 = 飛行機

암기비평　날아[飛] 가는[行] 틀[機]이 飛行機이다.

사전풀이　공중으로 떠서 날아다니는 항공기.

❀ 다음 빈칸에 한자어의 독음을 쓰고, 한자어를 예쁘게 써 보세요.

飛行機 ☐ / 飛 ☐ + 行 ☐ + 機 ☐

독음연습　저는 어머니와 **飛行機**를 타고 제주도 이모님 댁을 갔습니다.

飛	行	機	飛	行	機				

辭典　사전

辭 말 사 + 典 법 전 = 辭典

암기비평　말[辭]을 순서대로 배열한 책[典]이 辭典이다.

사전풀이　낱말을 모아서 일정한 순서로 배열하여 싣고 해설한 책.

❀ 다음 빈칸에 한자어의 독음을 쓰고, 한자어를 예쁘게 써 보세요.

辭典 ☐ / 辭 ☐ + 典 ☐

독음연습　어려운 낱말은 국어**辭典**에서 찾아요.

辭	典	辭	典						

想 像　상상

| 想 | 생각 상 | + | 像 | 모양 상 | = | 想像 |

(깜짝비밀) 어떤 모양[像]을 생각[想]해 보는 것이 想像이다.

(사전풀이) 실제로 경험하지 않은 현상이나 사물에 대하여 마음속으로 그려 봄.

❀ 다음 빈칸에 한자어의 독음을 쓰고, 한자어를 예쁘게 써 보세요.

| 想像 | | / | 想 | | + | 像 | |

(독음연습) 그런 일이 일어나리라고는 **想像**도 못 했다.

| 想 | 像 | 想 | 像 | | | | | |

世 界　세계

| 世 | 세상 세 | + | 界 | 지경 계 | = | 世界 |

(깜짝비밀) 세상[世]의 지경[界]이 世界이다.

(사전풀이) 지구위의 모든 나라.

❀ 다음 빈칸에 한자어의 독음을 쓰고, 한자어를 예쁘게 써 보세요.

| 世界 | | / | 世 | | + | 界 | |

(독음연습) 저는 **世界** 일주를 한 번 해보고 싶습니다.

| 世 | 界 | 世 | 界 | | | | | |

施設物　시설물

施 베풀 시 ＋ 設 베풀 설 ＋ 物 물건 물 ＝ 施設物

(암기비법) 시설[施設]을 해 놓은 구조물[物]이 施設物이다.

(사전풀이) 시설을 하는 구조물(기계·장치·도구류 등).

❀ 다음 빈칸에 한자어의 독음을 쓰고, 한자어를 예쁘게 써 보세요.

施設物 [　　] ／ 施 [　　] ＋ 設 [　　] ＋ 物 [　　]

(독음연습) 학교 **施設物** 관리를 철저히 하여야 학생들이 다치지 않습니다.

施	設	物	施	設	物			

施行　시행

施 베풀 시 ＋ 行 행할 행 ＝ 施行

(암기비법) 베풀어[施] 행하는[行] 것이 施行이다.

(사전풀이) 실지로 행함.

❀ 다음 빈칸에 한자어의 독음을 쓰고, 한자어를 예쁘게 써 보세요.

施行 [　　] ／ 施 [　　] ＋ 行 [　　]

(독음연습) 우리 학교에서는 무료 급식을 처음으로 **施行**하였다.

施	行	施	行				

1. 다음 □□ 안에 알맞은 한자어를 <보기>에서 찾아 써 보세요.

보기
想像 區分 施設物 文具店 施行 北韓 辭典 世界 競技 飛行機

다 툴 경 에	재 주 기 는	재 주 겨 룬			이 고
지 경 구 에	나 눌 분 은	지 경 나 눔			이 며
글 월 문 의	갖 출 구 에	가 게 점 은			과
북 녘 북 에	한 국 한 은	한 국 북 쪽			이 며
날 비 갈 행	베 틀 기 는	공 중 나 는			고
낱 말 배 열	해 설 한 책	말 사 법 전			이 며
생 각 상 에	모 양 상 은	미 리 생 각			이 고
세 상 세 에	지 경 계 는	모 든 나 라			이 며
베 풀 시 와	베 풀 설 에	물 건 물 은			이
베 풀 시 에	행 할 행 은	실 제 행 함			이 다

2. 다음 한자어의 뜻을 써 보세요.

① 競技

② 區分

③ 文具店

④ 北韓

⑤ 飛行機

⑥ 辭典

⑦ 想像

⑧ 世界

⑨ 施設物

⑩ 施行

3. 다음 한자어의 독음을 쓰고, 예쁘게 한자로 써 보세요.

①	競技		競	技	競	技		
②	區分		區	分	區	分		
③	文具店		文	具	店	文	具	店
④	北學		北	韓	北	韓		
⑤	飛行機		飛	行	機	飛	行	機
⑥	辭典		辭	典	辭	典		
⑦	想像		想	像	想	像		
⑧	世界		世	界	世	界		
⑨	施設物		施	設	物	施	設	物
⑩	施行		施	行	施	行		

4. 다음 한자어에 독음과 알맞은 뜻을 바르게 연결하세요.

① 競技 ·　　· 상상 ·　　· 낱말을 모아서 일정한 순서로 배열하여 싣고 해설한 책.

② 辭典 ·　　· 시설 ·　　· 지구 위의 모든 나라.

③ 世界 ·　　· 경기 ·　　· 실지로 행함.

④ 施設 ·　　· 사전 ·　　· 실제로 경험하지 않은 현상이나 사물에 대하여 마음속으로 그려 봄.

⑤ 想像 ·　　· 세계 ·　　· 일정한 규칙 아래 기량과 기술을 겨루는 일.

📍 한글로 된 가사를 노래로 부르면 한자어의 뜻이 쉽게 이해돼요.

눈 안 에 다	거 울 경 은	눈 에 거 울	안 경 이 고
밖 외 하 고	나 라 국 과	사 람 인 의	외 국 인 은
우 편 우 와	갈 릴 체 에	판 국 하 는	우 체 국 과
자 리 위 에	둘 치 이 니	일 정 자 리	위 치 이 며
은 은 하 고	다 닐 행 은	예 금 업 무	은 행 이 고
다 스 릴 리	말 미 암 유	까 닭 사 유	이 유 이 며
사 람 인 에	일 사 이 면	사 람 의 일	인 사 이 고
잡 을 조 에	마 음 심 은	마 음 잡 음	조 심 이 며
살 주 에 다	백 성 민 은	사 는 사 람	주 민 이 고
인 류 사 는	천 체 라 서	땅 지 공 구	지 구 이 다

📍 이제는 한자로 쓰인 한자어 가사도 쉽게 읽을 수 있어요~~^^

눈 眼 에 다	거 울 鏡 은	눈 에 거 울	眼 鏡 이 고
밖 外 하 고	나 라 國 과	사 람 人 의	外 國 人 은
郵 便 郵 와	갈 릴 遞 에	판 局 하 는	郵 遞 局 과
자 리 位 에	둘 置 이 니	一 定 자 리	位 置 이 며
銀 銀 하 고	다 닐 行 은	預 金 業 務	銀 行 이 고
다 스 릴 理	말 미 암 由	까 닭 事 由	理 由 이 며
사 람 人 에	일 事 이 면	사 람 의 일	人 事 이 고
잡 을 操 에	마 음 心 은	마 음 잡 음	操 心 이 며
살 住 에 다	百 姓 民 은	사 는 사 람	住 民 이 고
人 類 사 는	天 體 라 서	땅 地 공 球	地 球 이 다

眼 鏡　안경

眼　눈　안　＋　鏡　거울　경　＝　眼鏡

눈[眼] 쓰는 거울[鏡]이 眼鏡이다.

근시·원시 등의 시력을 보호하기 위해 눈에 쓰는 기구.

❀ 다음 빈칸에 한자어의 독음을 쓰고, 한자어를 예쁘게 써 보세요.

眼鏡 [　] / 眼 [　] + 鏡 [　]

독음
연습　제 친구는 **眼鏡**을 쓰고 다닙니다.

眼	鏡	眼	鏡				

外國人　외국인

外　밖　외　＋　國　나라　국　＋　人　사람　인　＝　外國人

다른[外] 나라[國] 사람[人]이 外國人이다.

다른 나라 사람(타국인).

❀ 다음 빈칸에 한자어의 독음을 쓰고, 한자어를 예쁘게 써 보세요.

外國人 [　] / 外 [　] + 國 [　] + 人 [　]

독음
연습　우리는 **外國人**들에게 친절하게 대해야 합니다.

外	國	人	外	國	人		

郵遞局 우체국

| 郵 | 우편 **우** | + | 遞 | 갈릴 **체** | + | 局 | 판 **국** | = | 郵遞局 |

(암기비력) 우편[郵]을 전해주는[遞] 기관[局]이 郵遞局이다.

(자리풀이) 우편·우편환·전신·전화 업무 따위를 맡아보는 기관.

❀ 다음 빈칸에 한자어의 독음을 쓰고, 한자어를 예쁘게 써 보세요.

| 郵遞局 | | / | 郵 | | + | 遞 | | + | 局 | |

(독음연습) 郵遞局에서는 편지와 택배를 붙이기도 합니다.

郵	遞	局	郵	遞	局				

位 置 위치

| 位 | 자리 **위** | + | 置 | 둘 **치** | = | 位置 |

(암기비력) 자리[位]에 두는[置] 것이 位置이다.

(자리풀이) 일정한 곳에 자리를 차지함.

❀ 다음 빈칸에 한자어의 독음을 쓰고, 한자어를 예쁘게 써 보세요.

| 位置 | | / | 位 | | + | 置 | |

(독음연습) 우리학교는 우리 마을의 높은 位置에 세워져 있습니다.

位	置	位	置				

銀 行　은행

銀　은　은　＋　行　다닐　행　＝　銀行

돈[銀] 빌려주고 맡아두는[行] 곳이 銀行이다.

예금을 받아 저축을 하고 돈을 빌려주는 업무를 하는 곳.

❀ 다음 빈칸에 한자어의 독음을 쓰고, 한자어를 예쁘게 써 보세요.

銀行　　　　／　銀　　　＋　行

아버지께서는 **銀行**에서 일을 하십니다.

銀	行	銀	行				

理 由　이유

理　다스릴　리　＋　由　말미암　유　＝　理由

다스리고[理] 말미암는[由] 까닭이 理由이다.

어떠한 결론이나 결과에 이른 까닭이나 근거.

❀ 다음 빈칸에 한자어의 독음을 쓰고, 한자어를 예쁘게 써 보세요.

理由　　　　／　理　　　＋　由

그 아이는 사사건건 **理由**를 달았다.

理	由	理	由				

人 事 _{인사}

人 사람 인 + 事 일 사 = 人事

사람[人]의 일[事]이 人事이다.

마주 대하거나 헤어질 때에 예를 표함.

❀ 다음 빈칸에 한자어의 독음을 쓰고, 한자어를 예쁘게 써 보세요.

人事 □ / 人 □ + 事 □

그는 나를 보자 **人事** 대신 빙긋 웃었다.

人	事	人	事					

操 心 _{조심}

操 잡을 조 + 心 마음 심 = 操心

마음[心]을 잡는[操] 것이 操心이다.

잘못이나 실수가 없도록 마음을 씀.

❀ 다음 빈칸에 한자어의 독음을 쓰고, 한자어를 예쁘게 써 보세요.

操心 □ / 操 □ + 心 □

고운 말을 사용하도록 말 **操心**을 합시다.

操	心	操	心					

住 民　주민

住 살 주 ＋ 民 백성 민 ＝ 住民

일정 지역에 살고[住] 있는 백성[民]이 住民이다.

일정한 지역에 살고 있는 사람.

❀ 다음 빈칸에 한자어의 독음을 쓰고, 한자어를 예쁘게 써 보세요.

住民 □ / 住 □ ＋ 民 □

우리 마을에 **住民**센터가 있어서 참 편리합니다.

住	民	住	民					

地 球　지구

地 땅 지 ＋ 球 공 구 ＝ 地球

땅[地]이 둥근 공[球]처럼 생긴 것이 地球이다.

인류가 살고 있는 천체.

❀ 다음 빈칸에 한자어의 독음을 쓰고, 한자어를 예쁘게 써 보세요.

地球 □ / 地 □ ＋ 球 □

태양도 하나 **地球**도 하나입니다.

地	球	地	球					

1. 다음 ☐☐안에 알맞은 한자어를 <보기>에서 찾아 써 보세요.

보기	操心 外國人 住民 郵遞局 理由 位置 人事 眼鏡 銀行 地球

눈 안 에 다	거 울 경 은	눈 에 거 울		이 고			
밖 외 하 고	나 라 국 과	사 람 인 의			은		
우 편 우 와	갈 릴 체 에	판 국 하 는			과		
자 리 위 에	둘 치 이 니	일 정 자 리			이 며		
은 은 하 고	다 닐 행 은	예 금 업 무		이 고			
다 스 릴 리	말 미 암 유	까 닭 사 유			이 며		
사 람 인 에	일 사 이 면	사 람 의 일		이 고			
잡 을 조 에	마 음 심 은	마 음 잡 음			이 며		
살 주 에 다	백 성 민 은	사 는 사 람		이 고			
인 류 사 는	천 체 라 서	땅 지 공 구		이 다			

2. 다음 한자어의 뜻을 써 보세요.

① 眼境

② 外國人

③ 郵遞局

④ 位置

⑤ 銀行

⑥ 理由

⑦ 人事

⑧ 操心

⑨ 住民

⑩ 地球

3. 다음 한자어의 독음을 쓰고, 예쁘게 한자로 써 보세요.

①	眼境		眼	鏡	眼	鏡		
②	外國人		外	國	人	外	國	人
③	郵遞局		郵	遞	局	郵	遞	局
④	位置		位	置	位	置		
⑤	銀行		銀	行	銀	行		
⑥	理由		理	由	理	由		
⑦	人事		人	事	人	事		
⑧	操心		操	心	操	心		
⑨	住民		住	民	住	民		
⑩	地球		地	球	地	球		

4. 다음 한자어에 독음과 알맞은 뜻을 바르게 연결하세요.

① 位置 • • 인사 • • 시력을 보호하기 위해 눈에 쓰는 기구.

② 理由 • • 조심 • • 일정한 곳에 자리를 차지함.

③ 人事 • • 위치 • • 어떠한 결론이나 결과에 이른 까닭이나 근거.

④ 操心 • • 안경 • • 마주 대하거나 헤어질 때에 예를 표함.

⑤ 眼鏡 • • 이유 • • 잘못이나 실수가 없도록 마음을 씀.

한글로 된 가사를 노래로 부르면 한자어의 뜻이 쉽게 이해돼요.

땅 지 하 고	그 림 도 는	땅 의 그 림	지 도 이 고
벼 슬 직 에	일 업 하 면	생 계 유 지	직 업 이 며
목 적 지 를	향 해 나 감	날 출 필 발	출 발 이 고
모 양 태 에	법 도 도 는	몸 의 자 세	태 도 이 며
통 할 통 에	지 날 과 는	거 쳐 지 난	통 과 이 고
거 느 릴 통	한 일 하 니	하 나 되 는	통 일 이 며
겉 표 에 다	종 이 지 면	책 의 겉 장	표 지 이 고
반 드 시 필	구 할 요 는	꼭 소 용 된	필 요 이 며
배 울 학 에	날 생 하 면	배 우 는 이	학 생 이 고
화 합 할 협	한 가 지 동	함 께 화 합	협 동 이 다

이제는 한자로 쓰인 한자어 가사도 쉽게 읽을 수 있어요~~^^

땅 地 하 고	그 림 圖 는	땅 의 그 림	地 圖 이 고
벼 슬 職 에	일 業 하 면	生 計 維 持	職 業 이 며
目 的 地 를	向 해 나 감	날 出 필 發	出 發 이 고
模 樣 態 에	法 度 度 는	몸 의 姿 勢	態 度 이 며
通 할 通 에	지 날 過 는	거 쳐 지 난	通 過 이 고
거 느 릴 統	한 一 하 니	하 나 되 는	統 一 이 며
겉 表 에 다	종 이 紙 면	冊 의 겉 張	表 紙 이 고
반 드 시 必	求 할 要 는	꼭 所 用 된	必 要 이 며
배 울 學 에	날 生 하 면	배 우 는 이	學 生 이 고
和 合 할 協	한 가 지 同	함 께 和 合	協 同 이 다

地 圖 　지도

地 　땅　지 ＋ 圖 　그림　도 ＝ 地圖

땅[地]을 그려놓은 그림[圖]이 地圖이다.

지구 표면의 상태를 일정한 비율로 줄여, 기호로 평면에 나타낸 그림.

❀ 다음 빈칸에 한자어의 독음을 쓰고, 한자어를 예쁘게 써 보세요.

| 地圖 | | / | 地 | | ＋ | 圖 | |

우리나라 **地圖**를 보면 토끼와 같이 생겼어요.

| 地 | 圖 | 地 | 圖 | | | | | | |

職 業 　직업

職 　벼슬　직 ＋ 業 　일　업 ＝ 職業

벼슬[職]에 나아가 하는 일[業]이 職業이다.

생계를 유지하기 위하여 일정한 기간 동안 계속하여 종사하는 일.

❀ 다음 빈칸에 한자어의 독음을 쓰고, 한자어를 예쁘게 써 보세요.

| 職業 | | / | 職 | | ＋ | 業 | |

저의 아버지 **職業**은 회사원입니다.

| 職 | 業 | 職 | 業 | | | | | | |

出 發 출발

出 날 **출** + 發 필 **발** = 出發

나아가[出] 피어나는[發] 것이 出發이다.

목적지를 향해 나아감.

❀ 다음 빈칸에 한자어의 독음을 쓰고, 한자어를 예쁘게 써 보세요.

| 出發 | | / | 出 | | + | 發 | |

학교에 가기 위해 집에서 오전 7시에 **出發**하였습니다.

| 出 | 發 | 出 | 發 | | | | | |

態 度 태도

態 모양 **태** + 度 법도 **도** = 態度

모양[態]이나 법도[度]가 態度이다.

몸의 동작이나 거두는 자세.

❀ 다음 빈칸에 한자어의 독음을 쓰고, 한자어를 예쁘게 써 보세요.

| 態度 | | / | 態 | | + | 度 | |

선생님께서 말씀하시자 침착한 **態度**로 들었습니다.

| 態 | 度 | 態 | 度 | | | | |

通 過 통과

通 통할 통 + 過 지날 과 = 通過

(암기비법) 통하여[通] 지나가는[過] 것이 通過이다.

(어휘풀이) 어떤 곳이나 때를 거쳐 지나감.

❀ 다음 빈칸에 한자어의 독음을 쓰고, 한자어를 예쁘게 써 보세요.

通過 [ ] / 通 [ ] + 過 [ ]

(독음연습) 지방에서 서울을 가는 데는 몇 개의 터널을 通過해야 합니다.

通	過	通	過						

統 一 통일

統 거느릴 통 + 一 한 일 = 統一

(암기비법) 하나로[一] 합하여[統] 지는 것이 統一이다.

(어휘풀이) 나누어진 것을 합하여 하나로 만듦.

❀ 다음 빈칸에 한자어의 독음을 쓰고, 한자어를 예쁘게 써 보세요.

統一 [ ] / 統 [ ] + 一 [ ]

(독음연습) 우리의 소원은 남북 統一입니다.

統	一	統	一						

表 紙　　표지

表　겉　표　+　紙　종이　지　=　表紙

암기비법 겉[表]의 종이[紙]가 表紙이다.

사전풀이 책의 겉장.

❀ 다음 빈칸에 한자어의 독음을 쓰고, 한자어를 예쁘게 써 보세요.

表紙 [　] / 表 [　] + 紙 [　]

독음연습 책 **表紙**는 두터운 종이로 만듭니다.

表	紙	表	紙				

必 要　　필요

必　반드시　필　+　要　구할　요　=　必要

암기비법 반드시[必] 구해야[要] 할 것이 必要이다.

사전풀이 반드시 요구되는 바가 있음.

❀ 다음 빈칸에 한자어의 독음을 쓰고, 한자어를 예쁘게 써 보세요.

必要 [　] / 必 [　] + 要 [　]

독음연습 내일 미술시간에 **必要**한 준비물을 미리 챙겨두어야 겠다.

必	要	必	要				

學 生　학생

學 배울 학 ＋ 生 날 생 ＝ 學生

배우는[學] 사람[生]이 學生이다.

학교에서 공부하는 사람.

❀ 다음 빈칸에 한자어의 독음을 쓰고, 한자어를 예쁘게 써 보세요.

| 學生 | | / | 學 | | ＋ | 生 | |

저는 2학년 5반 學生입니다.

學	生	學	生						

協 同　협동

協 화합할 협 ＋ 同 한가지 동 ＝ 協同

화합하여[協] 한가지[同]가 되는 것이 協同이다.

힘과 마음을 함께 합(合)함.

❀ 다음 빈칸에 한자어의 독음을 쓰고, 한자어를 예쁘게 써 보세요.

| 協同 | | / | 協 | | ＋ | 同 | |

우리 반은 協同을 잘해서 줄다리기에서 승리했다.

協	同	協	同						

1. 다음 □□안에 알맞은 한자어를 <보기>에서 찾아 써 보세요.

보기	態度 職業 出發 必要 統一 表紙 學生 地圖 協同 通過

땅 지 하 고	그 림 도 는	땅 의 그 림		이 고
벼 슬 직 에	일 업 하 면	생 계 유 지		이 며
목 적 지 를	향 해 나 감	날 출 필 발		이 고
모 양 태 에	법 도 도 는	몸 의 자 세		이 며
통 할 통 에	지 날 과 는	거 쳐 지 난		이 고
거 느 릴 통	한 일 하 니	하 나 되 는		이 며
겉 표 에 다	종 이 지 면	책 의 겉 장		이 고
반 드 시 필	구 할 요 는	꼭 소 용 된		이 며
배 울 학 에	날 생 하 니	배 우 는 이		이 고
화 합 할 협	한 가 지 동	함 께 화 합		이 다

2. 다음 한자어의 뜻을 써 보세요.

① 地圖   ⑥ 統一

② 職業   ⑦ 表紙

③ 出發   ⑧ 必要

④ 態度   ⑨ 學生

⑤ 通過   ⑩ 協同

3. 다음 한자어의 독음을 쓰고, 예쁘게 한자로 써 보세요.

①	地圖		地 圖 地 圖		
②	職業		職 業 職 業		
③	出發		出 發 出 發		
④	態度		態 度 態 度		
⑤	通過		通 過 通 過		
⑥	統一		統 一 統 一		
⑦	表紙		表 紙 表 紙		
⑧	必要		必 要 必 要		
⑨	學生		學 生 學 生		
⑩	協同		協 同 協 同		

4. 다음 한자어에 독음과 알맞은 뜻을 바르게 연결하세요.

① 態度 •   • 표지 •   • 목적지를 향해 나아감.

② 統一 •   • 태도 •   • 어떤 곳이나 때를 거쳐 지나감.

③ 表紙 •   • 출발 •   • 나누어진 것을 합하여 하나로 만듦.

④ 通過 •   • 통일 •   • 책의 겉장.

⑤ 出發 •   • 통과 •   • 몸의 동작이나 거두는 자세.

초등교과서 한자어

평가문제

2학년

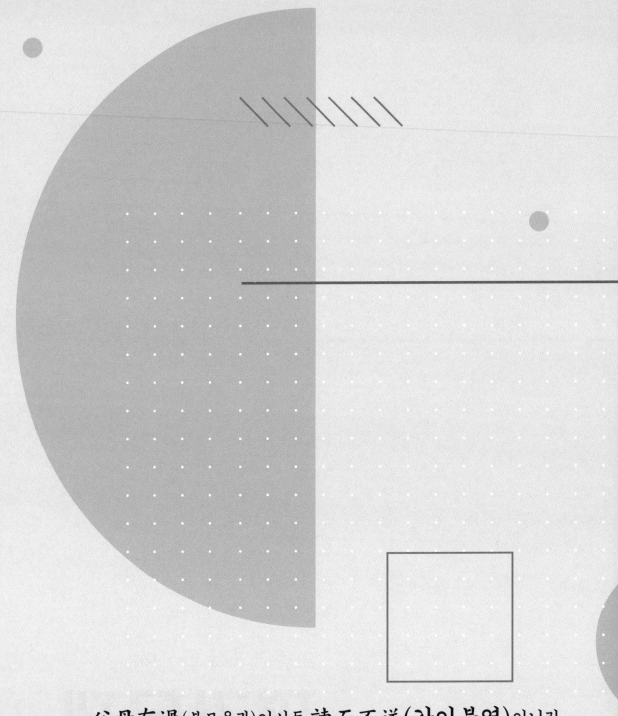

父母有過(부모유과)어시든 諫而不逆(간이불역)이니라

부모님의 연세(나이)는,
언제나 반드시 기억하자. 《인성보감》

초등교과서 한자어 [2학년] 평가문제지

· (   )학교   · (   )학년   · 성명(   )

[유의사항]

1. 문제지를 받으면, 문제를 정확히 읽고 답을 답안지에 적습니다.

2. 문제지에 학교 이름과 학년 그리고 성명을 정자로 씁니다.

3. '시작' 시간을 확인 후 문제를 풀기 시작합니다.

객관식 [50문항]

■ 다음 한자어와 독음을 바르게 연결하세요.

1. 結果 ·   ① · 대화

2. 對話 ·   ② · 반대

3. 次例 ·   ③ · 신문

4. 反對 ·   ④ · 결과

5. 新聞 ·   ⑤ · 차례

■ 다음 한자어와 독음을 바르게 연결하세요.

6. 包含 ·   ① · 호칭

7. 特徵 ·   ② · 포함

8. 呼稱 ·   ③ · 특징

9. 理解 ·   ④ · 채소

10. 菜蔬 ·   ⑤ · 이해

■ 다음 뜻에 맞는 한자어를 <보기>에서 골라 번호를 쓰세요.

보기
①昆蟲 ②時刻 ③所重
④基準 ⑤貴重 ⑥牛乳

11. 기본이 되는 표준. ·············· (   )

12. 시간의 한 점. ················· (   )

13. 매우 귀중함. ················· (   )

14. 소나 양의 젖. ················ (   )

15. 벌레들의 속칭. ··············· (   )

■ 다음 뜻에 맞는 한자어를 <보기>에서 골라 번호를 쓰세요.

보기
①實感 ②宮闕 ③模型
④模樣 ⑤簡單 ⑥重要

16. 단순하고 간략함. ············· (   )

17. 임금이 거처하는 집. ·········· (   )

18. 귀중하고 요긴함. ············· (   )

19. 실제로 체험하여 느낌. ········ (   )

20. 실물을 본떠서 만든 물건. ·· (   )

■ 다음 중 한자어의 독음이 바른 것의 번호를 쓰세요.

21. 規則 ································· (   )
① 규즉 ② 현즉 ③ 규칙 ④ 현칙

22. 約束 ·························· (　　)
　　① 약동　② 조속　③ 조동　④ 약속

23. 部分 ·························· (　　)
　　① 부문　② 부분　③ 배분　④ 배빈

24. 技術 ·························· (　　)
　　① 기술　② 지술　③ 기행　④ 지행

25. 發表 ·························· (　　)
　　① 발포　② 반표　③ 발표　④ 반포

26. 健康 ·························· (　　)
　　① 건강　② 긴장　③ 건장　④ 긴강

27. 忠告 ·························· (　　)
　　① 중고　② 충설　③ 중설　④ 충고

28. 多幸 ·························· (　　)
　　① 다행　② 다신　③ 석행　④ 석신

29. 祝賀 ·························· (　　)
　　① 죽하　② 축하　③ 죽가　④ 축가

30. 場所 ·························· (　　)
　　① 양소　② 양절　③ 장소　④ 장절

31. 補充 ·························· (　　)
　　① 보중　② 부충　③ 보충　④ 부중

32. 事項 ·························· (　　)
　　① 사앙　② 율항　③ 율앙　④ 사항

33. 豫防 ·························· (　　)
　　① 상방　② 예방　③ 상망　④ 예망

34. 綠色 ·························· (　　)
　　① 녹색　② 녹절　③ 연색　④ 연절

35. 應援 ·························· (　　)
　　① 응수　② 응원　③ 안원　④ 안수

■ 다음 한자어의 뜻이 바른 것의 번호를 쓰세요.

36. 準備 ·························· (　　)
　　① 기준품을 예비함.
　　② 기준이 도달함.
　　③ 미리 마련해 갖춤.
　　④ 수준이 갖추어졌음.

37. 世上 ·························· (　　)
　　① 지구 위의 모든 나라.
　　② 사람들이 모여듦.
　　③ 동서남북.
　　④ 봄, 여름, 가을, 겨울.

38. 地球 ·························· (　　)
　　① 공을 잘 참.
　　② 땅에서 구함.
　　③ 인류가 공처럼 생겼음.
　　④ 인류가 살고 있는 천체.

39. 位置 ·························· (　　)
　　① 앉았다가 일어섬.
　　② 일정한 곳에 자리를 차지함.
　　③ 자리를 차지하기 위해 달려감.
　　④ 위치가 변경됨.

40. 魔女 ················ (　　)
① 선녀처럼 마음이 착한 여자.
② 악마처럼 성질이 악한 여자.
③ 불만이 가득한 여자.
④ 착한 척 하는 여자.

41. 人物 ················ (　　)
① 사람과 물건.
② 사람이 만든 물건.
③ 물건이 많은 사람.
④ 사람의 됨됨이.

42. 始作 ················ (　　)
① 어떤 일 행동의 처음.
② 아침에 무엇을 지음.
③ 글을 짓는 것.
④ 벌써 끝낼 때가 됨.

43. 圖形 ················ (　　)
① 지도 모양.
② 형체를 그림으로 나타냄.
③ 그림의 모양이나 형태.
④ 그림을 그릴 줄 모르는 모양.

44. 鉛筆 ················ (　　)
① 부러진 연필을 이르는 말.
② 필기도구의 하나.
③ 납으로 만든 붓.
④ 지우개가 있어야 지워짐.

45. 解決 ················ (　　)
① 문제를 풀어서 결말을 지음.
② 해답을 보고 결정함.
③ 풀렸다고 결정함.
④ 문제를 풀지 않고 결말을 지음.

46. 姑母 ················ (　　)
① 아버지를 낳아주신 분.
② 아버지보다 나이가 적은 여자.
③ 아버지의 누이.
④ 아버지 친구의 어머니.

47. 治療 ················ (　　)
① 병원에서 퇴원함.
② 병이 나아가기 시작함.
③ 병원에 입원해서 주사를 맞음.
④ 병이나 상처를 다스려 낫게 함.

48. 現場 ················ (　　)
① 사물이 현재 있는 곳.
② 운동장에 나타남.
③ 현대적인 생각을 지닌 사람.
④ 보통사람이 나타남.

49. 姨母 ················ (　　)
① 아내의 여동생을 꾸짖는 마음.
② 시집을 안간 여자매.
③ 어머니의 자매.
④ 아버지의 형의 딸.

50. 演奏 ················ (　　)
① 펼치기 위해 아뢰임.
② 싫지만 좋은 척 하는 것.
③ 사물놀이를 다루는 일.
④ 악기를 다루어 들려주는 일.

☞ 뒷면에 주관식 30문항이 더 있습니다.

주관식 [30문항]

■ 다음 밑줄 친 한자어의 독음(소리)을 <보기>와 같이 쓰세요.

> **보기**
> 하루를 <u>一日</u>이라고 한다.
> ················(일일   )

주 1. 나는 누나와 <u>公演</u>을 보러갔었다.
················(   )

주 2. 선생님께서는 쉽게 <u>質問</u>을 하시니까 좋다.
················(   )

주 3. <u>漫畫</u>를 읽으면 시간 가는 줄도 모르게 된다.
················(   )

주 4. 수학에서 <u>計算</u>하는 문제는 정말 어려워요.
················(   )

주 5. 제가 <u>使用</u>하는 물건은 제가 정리를 합니다.
················(   )

주 6. 백화점에 가면 <u>多樣</u>한 물건들이 많습니다.
················(   )

주 7. 친구의 그림을 <u>模倣</u>하여 그려 봅시다.
················(   )

주 8. 일기 <u>豫報</u>에 내일은 전국적으로 비가 온다고 한다.
················(   )

주 9. 제 친구는 금테 <u>眼鏡</u>을 쓰고 다닙니다.
················(   )

주 10. 저의 아버지 <u>職業</u>은 회사원입니다.
················(   )

■ 다음 뜻풀이에 맞는 한자어를 한자로 쓰세요.

주 11. 이전의 인상이나 경험을 의식 속에 간직하거나 생각해 냄.
················(   )

주 12. 안부, 소식, 용무 따위를 적어 보내는 글.
················(   )

주 13. 두 사람이 등지거나 서로 맞서는 상태.
················(   )

주 14. 생각이나 감정을 말과 글로 표현하는 최소의 단위.
················(   )

주 15. 학교 교과용이나 학습의 내용이 짜여진 교재.
················(   )

■ 다음 한자어의 독음(소리)을 <보기>와 같이 쓰세요.

| 보기 | 一日 (　　일일　　) |

㉠ 16. 關係 (　　　　)

㉠ 17. 付託 (　　　　)

㉠ 18. 舞臺 (　　　　)

㉠ 19. 詩畫 (　　　　)

㉠ 20. 展示會 (　　　　)

㉠ 21. 昌德宮 (　　　　)

㉠ 22. 銅錢 (　　　　)

㉠ 23. 調査 (　　　　)

㉠ 24. 名銜 (　　　　)

㉠ 25. 配慮 (　　　　)

㉠ 26. 映畫 (　　　　)

㉠ 27. 親戚 (　　　　)

㉠ 28. 探訪 (　　　　)

㉠ 29. 放學 (　　　　)

㉠ 30. 風景 (　　　　)

☞ 시험문제지와 답안지를
비교하면서
자기 실력을 확인해 보고
스스로를 칭찬하세요.
참! 잘했어요.^^

<2학년>초등교과서 한자어 평가문제 해답

【객관식 1~50】				【주관식 1~30】			
1	④	26	①	주1	공연	주16	관계
2	①	27	④				
3	⑤	28	①	주2	질문	주17	부탁
4	②	29	②				
5	③	30	③	주3	만화	주18	무대
6	②	31	③				
7	③	32	④	주4	계산	주19	시화
8	①	33	②				
9	⑤	34	①	주5	사용	주20	전시회
10	④	35	②				
11	④	36	③	주6	다양	주21	창덕궁
12	②	37	①				
13	③	38	④	주7	모방	주22	동전
14	⑥	39	②				
15	①	40	②	주8	예보	주23	조사
16	⑤	41	④				
17	②	42	①	주9	안경	주24	명함
18	⑥	43	③				
19	①	44	②	주10	직업	주25	배려
20	③	45	①				
21	③	46	③	주11	記憶	주26	영화
22	④	47	④				
23	②	48	①	주12	便紙	주27	친척
24	①	49	③				
25	③	50	④	주13	反對	주28	탐방
				주14	文章	주29	방학
				주15	教科書	주30	풍경

교과서 한자어 2학년